TRANZLATY

Language is for everyone

Taal is vir almal

The Call of the Wild

Die Roep van die Wilde

Jack London

English / Afrikaans

Copyright © 2025 Tranzlaty
All rights reserved
Published by Tranzlaty
ISBN: 978-1-80572-743-9
Original text by Jack London
The Call of the Wild
First published in 1903
www.tranzlaty.com

Into the Primitive
In die Primitiewe

Buck did not read the newspapers.
Buck het nie die koerante gelees nie.
Had he read the newspapers he would have known trouble was brewing.
As hy die koerante gelees het, sou hy geweet het dat moeilikheid aan die broei was.
There was trouble not alone for himself, but for every tidewater dog.
Daar was moeilikheid nie net vir homself nie, maar vir elke getywaterhond.
Every dog strong of muscle and with warm, long hair was going to be in trouble.
Elke hond met sterk spiere en warm, lang hare sou in die moeilikheid wees.
From Puget Bay to San Diego no dog could escape what was coming.
Van Pugetbaai tot San Diego kon geen hond ontsnap aan wat sou kom nie.
Men, groping in the Arctic darkness, had found a yellow metal.
Mans, wat in die Arktiese donkerte getas het, het 'n geel metaal gevind.
Steamship and transportation companies were chasing the discovery.
Stoomskip- en vervoermaatskappye het die ontdekking nagejaag.
Thousands of men were rushing into the Northland.
Duisende mans het die Noordland binnegestorm.
These men wanted dogs, and the dogs they wanted were heavy dogs.
Hierdie mans wou honde hê, en die honde wat hulle wou hê, was swaar honde.
Dogs with strong muscles by which to toil.
Honde met sterk spiere waarmee hulle kan swoeg.

Dogs with furry coats to protect them from the frost.
Honde met harige pelse om hulle teen die ryp te beskerm.

Buck lived at a big house in the sun-kissed Santa Clara Valley.
Buck het in 'n groot huis in die sonnige Santa Clara-vallei gewoon.

Judge Miller's place, his house was called.
Regter Miller se plek, sy huis is genoem.

His house stood back from the road, half hidden among the trees.
Sy huis het van die pad af gestaan, half versteek tussen die bome.

One could get glimpses of the wide veranda running around the house.
'n Mens kon glimpse van die wye stoep om die huis kry.

The house was approached by graveled driveways.
Die huis is via gruisopritte bereik.

The paths wound about through wide-spreading lawns.
Die paadjies het deur wyd uitgestrekte grasperke kronkel.

Overhead were the interlacing boughs of tall poplars.
Bo-oor was die ineengevlegte takke van hoë populiere.

At the rear of the house things were on even more spacious.
Aan die agterkant van die huis was dinge selfs ruimer.

There were great stables, where a dozen grooms were chatting
Daar was groot stalle, waar 'n dosyn bruidegomme gesels het

There were rows of vine-clad servants' cottages
Daar was rye bediendehuise met wingerdstokke

And there was an endless and orderly array of outhouses
En daar was 'n eindelose en ordelike reeks buitegeboue

Long grape arbors, green pastures, orchards, and berry patches.
Lang druiweprieëls, groen weivelde, boorde en bessieplante.

Then there was the pumping plant for the artesian well.
Toe was daar die pompaanleg vir die artesiese put.

And there was the big cement tank filled with water.

En daar was die groot sementtenk gevul met water.
Here Judge Miller's boys took their morning plunge.
Hier het Regter Miller se seuns hul oggendduik geneem.
And they cooled down there in the hot afternoon too.
En hulle het ook daar in die warm middag afgekoel.
And over this great domain, Buck was the one who ruled all of it.
En oor hierdie groot domein, was Buck die een wat dit alles regeer het.
Buck was born on this land and lived here all his four years.
Buck is op hierdie grond gebore en het al sy vier jaar hier gewoon.
There were indeed other dogs, but they did not truly matter.
Daar was wel ander honde, maar hulle het nie regtig saak gemaak nie.
Other dogs were expected in a place as vast as this one.
Ander honde is verwag in 'n plek so groot soos hierdie een.
These dogs came and went, or lived inside the busy kennels.
Hierdie honde het gekom en gegaan, of binne die besige hondehokke gewoon.
Some dogs lived hidden in the house, like Toots and Ysabel did.
Party honde het versteek in die huis gewoon, soos Toots en Ysabel.
Toots was a Japanese pug, Ysabel a Mexican hairless dog.
Toots was 'n Japannese mopshond, Ysabel 'n Meksikaanse haarlose hond.
These strange creatures rarely stepped outside the house.
Hierdie vreemde wesens het selde buite die huis gestap.
They did not touch the ground, nor sniff the open air outside.
Hulle het nie die grond aangeraak nie, en ook nie die oop lug buite geruik nie.
There were also the fox terriers, at least twenty in number.
Daar was ook die foxterriërs, ten minste twintig in getal.
These terriers barked fiercely at Toots and Ysabel indoors.

Hierdie terriërs het binnenshuis woes vir Toots en Ysabel geblaf.
Toots and Ysabel stayed behind windows, safe from harm.
Toots en Ysabel het agter vensters gebly, veilig teen gevaar.
They were guarded by housemaids with brooms and mops.
Hulle is deur huisbediende met besems en moppe bewaak.
But Buck was no house-dog, and he was no kennel-dog either.
Maar Buck was geen huishond nie, en hy was ook geen kennelhond nie.
The entire property belonged to Buck as his rightful realm.
Die hele eiendom het aan Buck behoort as sy regmatige ryk.
Buck swam in the tank or went hunting with the Judge's sons.
Buck het in die tenk geswem of saam met die Regter se seuns gaan jag.
He walked with Mollie and Alice in the early or late hours.
Hy het in die vroeë of laat oggendure saam met Mollie en Alice gestap.
On cold nights he lay before the library fire with the Judge.
Op koue nagte het hy voor die biblioteekvuur saam met die Regter gelê.
Buck gave rides to the Judge's grandsons on his strong back.
Buck het die Regter se kleinseuns op sy sterk rug saamgery.
He rolled in the grass with the boys, guarding them closely.
Hy het saam met die seuns in die gras gerol en hulle noukeurig bewaak.
They ventured to the fountain and even past the berry fields.
Hulle het na die fontein en selfs verby die bessielande gewaag.
Among the fox terriers, Buck walked with royal pride always.
Onder die foksterriërs het Buck altyd met koninklike trots geloop.
He ignored Toots and Ysabel, treating them like they were air.
Hy het Toots en Ysabel geïgnoreer en hulle soos lug behandel.
Buck ruled over all living creatures on Judge Miller's land.

Buck het oor alle lewende wesens op Regter Miller se grond geheers.

He ruled over animals, insects, birds, and even humans.

Hy het oor diere, insekte, voëls en selfs mense geheers.

Buck's father Elmo had been a huge and loyal St. Bernard.

Buck se pa, Elmo, was 'n groot en lojale Sint Bernardus.

Elmo never left the Judge's side, and served him faithfully.

Elmo het nooit die Regter se sy verlaat nie, en hom getrou gedien.

Buck seemed ready to follow his father's noble example.

Buck het gereed gelyk om sy vader se edele voorbeeld te volg.

Buck was not quite as large, weighing one hundred and forty pounds.

Buck was nie heeltemal so groot nie, en het honderd-en-veertig pond geweeg.

His mother, Shep, had been a fine Scotch shepherd dog.

Sy ma, Shep, was 'n goeie Skotse herdershond.

But even at that weight, Buck walked with regal presence.

Maar selfs met daardie gewig het Buck met koninklike teenwoordigheid geloop.

This came from good food and the respect he always received.

Dit het gekom van goeie kos en die respek wat hy altyd ontvang het.

For four years, Buck had lived like a spoiled nobleman.

Vir vier jaar het Buck soos 'n bederfde edelman geleef.

He was proud of himself, and even slightly egotistical.

Hy was trots op homself, en selfs effens egoïsties.

That kind of pride was common in remote country lords.

Daardie soort trots was algemeen onder afgeleë plattelandse here.

But Buck saved himself from becoming pampered house-dog.

Maar Buck het homself daarvan gered om nie 'n bederfde huishond te word nie.

He stayed lean and strong through hunting and exercise.

Hy het maer en sterk gebly deur jag en oefening.

He loved water deeply, like people who bathe in cold lakes.
Hy was baie lief vir water, soos mense wat in koue mere bad.
This love for water kept Buck strong, and very healthy.
Hierdie liefde vir water het Buck sterk en baie gesond gehou.
This was the dog Buck had become in the fall of 1897.
Dit was die hond wat Buck in die herfs van 1897 geword het.
When the Klondike strike pulled men to the frozen North.
Toe die Klondike-aanval mans na die bevrore Noorde getrek het.
People rushed from all over the world into the cold land.
Mense het van oor die hele wêreld na die koue land gestroom.
Buck, however, did not read the papers, nor understand news.
Buck het egter nie die koerante gelees of nuus verstaan nie.
He did not know Manuel was a bad man to be around.
Hy het nie geweet dat Manuel 'n slegte man was om mee saam te wees nie.
Manuel, who helped in the garden, had a deep problem.
Manuel, wat in die tuin gehelp het, het 'n groot probleem gehad.
Manuel was addicted to gambling in the Chinese lottery.
Manuel was verslaaf aan dobbelary in die Chinese lotery.
He also believed strongly in a fixed system for winning.
Hy het ook sterk geglo in 'n vaste stelsel vir wen.
That belief made his failure certain and unavoidable.
Daardie oortuiging het sy mislukking seker en onvermydelik gemaak.
Playing a system demands money, which Manuel lacked.
Om 'n stelsel te speel verg geld, wat Manuel kortgekom het.
His pay barely supported his wife and many children.
Sy salaris het skaars sy vrou en baie kinders onderhou.
On the night Manuel betrayed Buck, things were normal.
Die nag toe Manuel Buck verraai het, was dinge normaal.
The Judge was at a Raisin Growers' Association meeting.
Die Regter was by 'n vergadering van die Rosyntjiekwekersvereniging.
The Judge's sons were busy forming an athletic club then.

Die Regter se seuns was toe besig om 'n atletiekklub te stig.
No one saw Manuel and Buck leaving through the orchard.
Niemand het Manuel en Buck deur die boord sien vertrek nie.
Buck thought this walk was just a simple nighttime stroll.
Buck het gedink hierdie stap was net 'n eenvoudige nagtelike stappie.
They met only one man at the flag station, in College Park.
Hulle het slegs een man by die vlagstasie, in College Park, ontmoet.
That man spoke to Manuel, and they exchanged money.
Daardie man het met Manuel gepraat, en hulle het geld uitgeruil.
"Wrap up the goods before you deliver them," he suggested.
"Verpak die goedere voordat jy dit aflewer," het hy voorgestel.
The man's voice was rough and impatient as he spoke.
Die man se stem was rof en ongeduldig terwyl hy gepraat het.
Manuel carefully tied a thick rope around Buck's neck.
Manuel het versigtig 'n dik tou om Buck se nek vasgemaak.
"Twist the rope, and you'll choke him plenty"
"Draai die tou, en jy sal hom baie verwurg"
The stranger gave a grunt, showing he understood well.
Die vreemdeling het gekreun, wat wys dat hy goed verstaan het.
Buck accepted the rope with calm and quiet dignity that day.
Buck het die tou daardie dag met kalm en stille waardigheid aanvaar.
It was an unusual act, but Buck trusted the men he knew.
Dit was 'n ongewone daad, maar Buck het die mans wat hy geken het, vertrou.
He believed their wisdom went far beyond his own thinking.
Hy het geglo dat hulle wysheid veel verder gegaan het as sy eie denke.
But then the rope was handed to the hands of the stranger.
Maar toe is die tou in die hande van die vreemdeling oorhandig.

Buck gave a low growl that warned with quiet menace.
Buck het 'n lae grom gegee wat met stille dreiging gewaarsku het.
He was proud and commanding, and meant to show his displeasure.
Hy was trots en gebiedend, en wou sy misnoeë toon.
Buck believed his warning would be understood as an order.
Buck het geglo dat sy waarskuwing as 'n bevel verstaan sou word.
To his shock, the rope tightened fast around his thick neck.
Tot sy skok het die tou styf om sy dik nek getrek.
His air was cut off and he began to fight in a sudden rage.
Sy lug is afgesny en hy het skielik woedend begin veg.
He sprang at the man, who quickly met Buck in mid-air.
Hy het op die man gespring, wat Buck vinnig in die lug teëgekom het.
The man grabbed Buck's throat and skillfully twisted him in the air.
Die man het Buck se keel gegryp en hom vaardig in die lug gedraai.
Buck was thrown down hard, landing flat on his back.
Buck is hard neergegooi en het plat op sy rug beland.
The rope now choked him cruelly while he kicked wildly.
Die tou het hom nou wreed verwurg terwyl hy wild geskop het.
His tongue fell out, his chest heaved, but gained no breath.
Sy tong het uitgeval, sy bors het gebewe, maar hy het nie asemgehaal nie.
He had never been treated with such violence in his life.
Hy is nog nooit in sy lewe met sulke geweld behandel nie.
He had also never been filled with such deep fury before.
Hy was ook nog nooit tevore met so 'n diepe woede gevul nie.
But Buck's power faded, and his eyes turned glassy.
Maar Buck se krag het vervaag, en sy oë het glasagtig geword.
He passed out just as a train was flagged down nearby.
Hy het flou geword net toe 'n trein naby stilhou.
Then the two men tossed him into the baggage car quickly.

Toe gooi die twee mans hom vinnig in die bagasiewa.
The next thing Buck felt was pain in his swollen tongue.
Die volgende ding wat Buck gevoel het, was pyn in sy geswolle tong.
He was moving in a shaking cart, only dimly conscious.
Hy het in 'n bewerige karretjie beweeg, slegs vaagweg by sy bewussyn.
The sharp scream of a train whistle told Buck his location.
Die skerp gil van 'n treinfluitjie het vir Buck sy ligging vertel.
He had often ridden with the Judge and knew the feeling.
Hy het dikwels saam met die Regter gery en het die gevoel geken.
It was the unique jolt of traveling in a baggage car again.
Dit was die unieke skok om weer in 'n bagasiewa te reis.
Buck opened his eyes, and his gaze burned with rage.
Buck het sy oë oopgemaak, en sy blik het van woede gebrand.
This was the anger of a proud king taken from his throne.
Dit was die toorn van 'n trotse koning wat van sy troon af weggeneem is.
A man reached to grab him, but Buck struck first instead.
'n Man het uitgereik om hom te gryp, maar Buck het eerste geslaan.
He sank his teeth into the man's hand and held tightly.
Hy het sy tande in die man se hand geslaan en styf vasgehou.
He did not let go until he blacked out a second time.
Hy het nie losgelaat totdat hy 'n tweede keer bewusteloos geraak het nie.
"Yep, has fits," the man muttered to the baggageman.
"Ja, kry stuipe," mompel die man vir die bagasieman.
The baggageman had heard the struggle and come near.
Die bagasieman het die gesukkel gehoor en nader gekom.
"I'm taking him to 'Frisco for the boss," the man explained.
"Ek neem hom na 'Frisco vir die baas," het die man verduidelik.
"There's a fine dog-doctor there who says he can cure them."
"Daar is 'n goeie hondedokter wat sê hy kan hulle genees."
Later that night the man gave his own full account.

Later daardie aand het die man sy eie volledige weergawe gegee.

He spoke from a shed behind a saloon on the docks.

Hy het vanuit 'n skuur agter 'n saloon op die dokke gepraat.

"All I was given was fifty dollars," he complained to the saloon man.

"Al wat ek gekry het, was vyftig dollar," het hy by die saloonman gekla.

"I wouldn't do it again, not even for a thousand in cold cash."

"Ek sou dit nie weer doen nie, nie eens vir 'n duisend in koue kontant nie."

His right hand was tightly wrapped in a bloody cloth.

Sy regterhand was styf toegedraai in 'n bloedige lap.

His trouser leg was torn wide open from knee to foot.

Sy broekspyp was wyd oopgeskeur van knie tot voet.

"How much did the other mug get paid?" asked the saloon man.

"Hoeveel het die ander beker betaal gekry?" het die saloonman gevra.

"A hundred," the man replied, "he wouldn't take a cent less."

"Honderd," antwoord die man, "hy sal nie 'n sent minder neem nie."

"That comes to a hundred and fifty," the saloon man said.

"Dit kom neer op honderd-en-vyftig," het die saloonman gesê.

"And he's worth it all, or I'm no better than a blockhead."

"En hy is dit alles werd, anders is ek niks beter as 'n domkop nie."

The man opened the wrappings to examine his hand.

Die man het die verpakking oopgemaak om sy hand te ondersoek.

The hand was badly torn and crusted in dried blood.

Die hand was erg geskeur en bedek met droë bloed.

"If I don't get the hydrophobia..." he began to say.

"As ek nie die hidrofobie kry nie ..." het hy begin sê.

"It'll be because you were born to hang," came a laugh.

"Dit sal wees omdat jy gebore is om te hang," kom daar 'n lag.
"Come help me out before you get going," he was asked.
"Kom help my uit voordat jy gaan," is hy gevra.
Buck was in a daze from the pain in his tongue and throat.
Buck was in 'n beswyming van die pyn in sy tong en keel.
He was half-strangled, and could barely stand upright.
Hy was half verwurg en kon skaars regop staan.
Still, Buck tried to face the men who had hurt him so.
Tog het Buck probeer om die mans wat hom so seergemaak het, in die gesig te staar.
But they threw him down and choked him once again.
Maar hulle het hom neergegooi en hom weer eens verwurg.
Only then could they saw off his heavy brass collar.
Eers toe kon hulle sy swaar koperkraag afsaag.
They removed the rope and shoved him into a crate.
Hulle het die tou verwyder en hom in 'n krat gegooi.
The crate was small and shaped like a rough iron cage.
Die krat was klein en gevorm soos 'n growwe ysterhok.
Buck lay there all night, filled with wrath and wounded pride.
Buck het die hele nag daar gelê, vol woede en gewonde trots.
He could not begin to understand what was happening to him.
Hy kon nie begin verstaan wat met hom gebeur nie.
Why were these strange men keeping him in this small crate?
Waarom het hierdie vreemde mans hom in hierdie klein krat aangehou?
What did they want with him, and why this cruel captivity?
Wat wou hulle met hom hê, en waarom hierdie wrede gevangenskap?
He felt a dark pressure; a sense of disaster drawing closer.
Hy het 'n donker druk gevoel; 'n gevoel van ramp wat nader kom.
It was a vague fear, but it settled heavily on his spirit.
Dit was 'n vae vrees, maar dit het swaar op sy gees neergesak.
Several times he jumped up when the shed door rattled.

Verskeie kere het hy opgespring toe die skuurdeur rammel.
He expected the Judge or the boys to appear and rescue him.
Hy het verwag dat die Regter of die seuns sou verskyn en hom red.
But only the saloon-keeper's fat face peeked inside each time.
Maar net die saloon-eienaar se vet gesig het elke keer binne-in geloer.
The man's face was lit by the dim glow of a tallow candle.
Die man se gesig was verlig deur die dowwe gloed van 'n talgkers.
Each time, Buck's joyful bark changed to a low, angry growl.
Elke keer het Buck se vrolike blaf verander in 'n lae, kwaai gegrom.

The saloon-keeper left him alone for the night in the crate
Die kroegman het hom alleen vir die nag in die krat gelos
But when he awoke in the morning more men were coming.
Maar toe hy die oggend wakker word, het meer manne aangekom.
Four men came and gingerly picked up the crate without a word.
Vier mans het gekom en die krat versigtig opgetel sonder 'n woord.
Buck knew at once the situation he found himself in.
Buck het dadelik geweet in watter situasie hy hom bevind het.
They were further tormentors that he had to fight and fear.
Hulle was verdere pynigers wat hy moes beveg en vrees.
These men looked wicked, ragged, and very badly groomed.
Hierdie mans het boos, rafelrig en baie sleg versorg gelyk.
Buck snarled and lunged at them fiercely through the bars.
Buck het gegrom en woes deur die tralies op hulle afgestorm.
They just laughed and jabbed at him with long wooden sticks.
Hulle het net gelag en hom met lang houtstokke gesteek.
Buck bit at the sticks, then realized that was what they liked.

Buck het aan die stokke gebyt, toe besef dis wat hulle daarvan hou.
So he lay down quietly, sullen and burning with quiet rage.
So het hy stil gaan lê, nors en brandend van stille woede.
They lifted the crate into a wagon and drove away with him.
Hulle het die krat in 'n wa gelig en met hom weggery.
The crate, with Buck locked inside, changed hands often.
Die krat, met Buck binne toegesluit, het gereeld van eienaar verwissel.
Express office clerks took charge and handled him briefly.
Express-kantoorklerke het die leisels oorgeneem en hom kortliks hanteer.
Then another wagon carried Buck across the noisy town.
Toe het nog 'n wa Buck oor die lawaaierige dorp gedra.
A truck took him with boxes and parcels onto a ferry boat.
'n Vragmotor het hom met bokse en pakkies op 'n veerboot geneem.
After crossing, the truck unloaded him at a rail depot.
Nadat hy oorgesteek het, het die vragmotor hom by 'n spoorwegdepot afgelaai.
At last, Buck was placed inside a waiting express car.
Uiteindelik is Buck in 'n wagtende snelwa geplaas.
For two days and nights, trains pulled the express car away.
Vir twee dae en nagte het treine die snelwa weggetrek.
Buck neither ate nor drank during the whole painful journey.
Buck het gedurende die hele pynlike reis nie geëet of gedrink nie.
When the express messengers tried to approach him, he growled.
Toe die snelbodes hom probeer nader, het hy gegrom.
They responded by mocking him and teasing him cruelly.
Hulle het gereageer deur hom te bespot en hom wreed te terg.
Buck threw himself at the bars, foaming and shaking
Buck het homself teen die tralies gegooi, skuimend en bewerig
they laughed loudly, and taunted him like schoolyard bullies.

hulle het hard gelag en hom gespot soos skoolboelies.
They barked like fake dogs and flapped their arms.
Hulle het soos vals honde geblaf en met hul arms geklap.
They even crowed like roosters just to upset him more.
Hulle het selfs soos hane gekraai net om hom nog meer te ontstel.
It was foolish behavior, and Buck knew it was ridiculous.
Dit was dwase gedrag, en Buck het geweet dit was belaglik.
But that only deepened his sense of outrage and shame.
Maar dit het net sy gevoel van verontwaardiging en skaamte verdiep.
He was not bothered much by hunger during the trip.
Hy was nie veel deur honger gepla tydens die reis nie.
But thirst brought sharp pain and unbearable suffering.
Maar dors het skerp pyn en ondraaglike lyding gebring.
His dry, inflamed throat and tongue burned with heat.
Sy droë, ontsteekte keel en tong het gebrand van hitte.
This pain fed the fever rising within his proud body.
Hierdie pyn het die koors gevoed wat in sy trotse liggaam gestyg het.
Buck was thankful for one single thing during this trial.
Buck was dankbaar vir een enkele ding tydens hierdie verhoor.
The rope had been removed from around his thick neck.
Die tou was om sy dik nek verwyder.
The rope had given those men an unfair and cruel advantage.
Die tou het daardie manne 'n onregverdige en wrede voordeel gegee.
Now the rope was gone, and Buck swore it would never return.
Nou was die tou weg, en Buck het gesweer dit sou nooit terugkeer nie.
He resolved no rope would ever go around his neck again.
Hy het besluit dat geen tou ooit weer om sy nek sou gaan nie.
For two long days and nights, he suffered without food.
Vir twee lang dae en nagte het hy sonder kos gely.

And in those hours, he built up an enormous rage inside.
En in daardie ure het hy 'n enorme woede binne hom opgebou.
His eyes turned bloodshot and wild from constant anger.
Sy oë het bloedbelope en wild geword van voortdurende woede.
He was no longer Buck, but a demon with snapping jaws.
Hy was nie meer Buck nie, maar 'n demoon met klapkake.
Even the Judge would not have known this mad creature.
Selfs die Regter sou hierdie mal skepsel nie geken het nie.
The express messengers sighed in relief when they reached Seattle
Die snelboodskappers het verlig gesug toe hulle Seattle bereik het.
Four men lifted the crate and brought it to a back yard.
Vier mans het die krat opgelig en na 'n agterplaas gebring.
The yard was small, surrounded by high and solid walls.
Die erf was klein, omring deur hoë en soliede mure.
A big man stepped out in a sagging red sweater shirt.
'n Groot man het uitgestap in 'n verslapte rooi truihemp.
He signed the delivery book with a thick and bold hand.
Hy het die afleweringsboek met 'n dik en vet hand geteken.
Buck sensed at once that this man was his next tormentor.
Buck het dadelik aangevoel dat hierdie man sy volgende kwelgeest was.
He lunged violently at the bars, eyes red with fury.
Hy het gewelddadig teen die tralies gestorm, oë rooi van woede.
The man just smiled darkly and went to fetch a hatchet.
Die man het net donker geglimlag en 'n byl gaan haal.
He also brought a club in his thick and strong right hand.
Hy het ook 'n stok in sy dik en sterk regterhand gebring.
"You going to take him out now?" the driver asked, concerned.
"Gaan jy hom nou uithaal?" het die bestuurder bekommerd gevra.

"Sure," said the man, jamming the hatchet into the crate as a lever.
"Seker," sê die man en druk die byl as 'n hefboom in die krat vas.
The four men scattered instantly, jumping up onto the yard wall.
Die vier mans het onmiddellik uitmekaar gespring en op die erfmuur gespring.
From their safe spots above, they waited to watch the spectacle.
Vanuit hul veilige plekke daarbo het hulle gewag om die skouspel te aanskou.
Buck lunged at the splintered wood, biting and shaking fiercely.
Buck het na die versplinterde hout gestorm, terwyl hy hewig byt en bewe.
Each time the hatchet hit the cage), Buck was there to attack it.
Elke keer as die byl die hok getref het), was Buck daar om dit aan te val.
He growled and snapped with wild rage, eager to be set free.
Hy het gegrom en gekap van wilde woede, gretig om vrygelaat te word.
The man outside was calm and steady, intent on his task.
Die man buite was kalm en standvastig, vasbeslote op sy taak.
"Right then, you red-eyed devil," he said when the hole was large.
"Goed dan, jou rooioogduiwel," het hy gesê toe die gat groot was.
He dropped the hatchet and took the club in his right hand.
Hy het die byl laat val en die knuppel in sy regterhand geneem.
Buck truly looked like a devil; eyes bloodshot and blazing.
Buck het werklik soos 'n duiwel gelyk; oë bloedbelope en vlammend.
His coat bristled, foam frothed at his mouth, eyes glinting.

Sy jas het geborsel, skuim het om sy mond geskuim, oë het geglinster.
He bunched his muscles and sprang straight at the red sweater.
Hy het sy spiere saamgespan en reguit op die rooi trui gespring.
One hundred and forty pounds of fury flew at the calm man.
Honderd-en-veertig pond woede het na die kalm man gevlieg.
Just before his jaws clamped shut, a terrible blow struck him.
Net voordat sy kake toegeklamp het, het 'n verskriklike hou hom getref.
His teeth snapped together on nothing but air
Sy tande het teen mekaar geknak op niks anders as lug nie
a jolt of pain reverberated through his body
'n skok van pyn het deur sy liggaam weergalm
He flipped midair and crashed down on his back and side.
Hy het midde-in die lug omgeslaan en op sy rug en sy neergestort.
He had never before felt a club's blow and could not grasp it.
Hy het nog nooit tevore 'n knuppel se hou gevoel nie en kon dit nie vasgryp nie.
With a shrieking snarl, part bark, part scream, he leaped again.
Met 'n gillende gegrom, deels blaf, deels gil, het hy weer opgespring.
Another brutal strike hit him and hurled him to the ground.
Nog 'n wrede hou het hom getref en hom op die grond gegooi.
This time Buck understood—it was the man's heavy club.
Hierdie keer het Buck verstaan—dit was die man se swaar knuppel.
But rage blinded him, and he had no thought of retreat.
Maar woede het hom verblind, en hy het geen gedagte aan terugtog gehad nie.
Twelve times he launched himself, and twelve times he fell.

Twaalf keer het hy homself gewerp, en twaalf keer het hy geval.
The wooden club smashed him each time with ruthless, crushing force.
Die houtknuppel het hom elke keer met meedoënlose, verpletterende krag verpletter.
After one fierce blow, he staggered to his feet, dazed and slow.
Na een hewige hou het hy versuft en stadig orent gekom.
Blood ran from his mouth, his nose, and even his ears.
Bloed het uit sy mond, sy neus en selfs sy ore gestroom.
His once-beautiful coat was smeared with bloody foam.
Sy eens pragtige jas was met bloedige skuim besmeer.
Then the man stepped up and struck a wicked blow to the nose.
Toe tree die man op en slaan hom 'n wrede hou teen die neus.
The agony was sharper than anything Buck had ever felt.
Die pyn was skerper as enigiets wat Buck ooit gevoel het.
With a roar more beast than dog, he leaped again to attack.
Met 'n gebrul meer dier as hond, het hy weer opgespring om aan te val.
But the man caught his lower jaw and twisted it backward.
Maar die man het sy onderkaak gegryp en dit agtertoe gedraai.
Buck flipped head over heels, crashing down hard again.
Buck het kop oor hakke geslaan en weer hard neergestort.
One final time, Buck charged at him, now barely able to stand.
Een laaste keer het Buck op hom afgestorm, nou skaars in staat om op te staan.
The man struck with expert timing, delivering the final blow.
Die man het met kundige tydsberekening toegeslaan en die finale hou toegedien.
Buck collapsed in a heap, unconscious and unmoving.
Buck het bewusteloos en roerloos in 'n hoop ineengestort.

"He's no slouch at dog-breaking, that's what I say," a man yelled.

"Hy is nie traag met honde-breek nie, dis wat ek sê," het 'n man geskree.

"Druther can break the will of a hound any day of the week."

"Druther kan die wil van 'n hond enige dag van die week breek."

"And twice on a Sunday!" added the driver.

"En twee keer op 'n Sondag!" het die bestuurder bygevoeg.

He climbed into the wagon and cracked the reins to leave.

Hy het in die wa geklim en die teuels gekraak om te vertrek.

Buck slowly regained control of his consciousness

Buck het stadig beheer oor sy bewussyn herwin

but his body was still too weak and broken to move.

maar sy liggaam was steeds te swak en gebreek om te beweeg.

He lay where he had fallen, watching the red-sweatered man.

Hy het gelê waar hy geval het, en die man met die rooi trui dopgehou.

"He answers to the name of Buck," the man said, reading aloud.

"Hy antwoord op die naam van Buck," het die man gesê terwyl hy hardop lees.

He quoted from the note sent with Buck's crate and details.

Hy het aangehaal uit die nota wat saam met Buck se krat gestuur is, en besonderhede.

"Well, Buck, my boy," the man continued with a friendly tone,

"Wel, Buck, my seun," het die man met 'n vriendelike toon voortgegaan,

"we've had our little fight, and now it's over between us."

"Ons het ons klein rusie gehad, en nou is dit verby tussen ons."

"You've learned your place, and I've learned mine," he added.

"Jy het jou plek geleer, en ek het myne geleer," het hy bygevoeg.

"Be good, and all will go well, and life will be pleasant."
"Wees goed, en alles sal goed gaan, en die lewe sal aangenaam wees."

"But be bad, and I'll beat the stuffing out of you, understand?"
"Maar wees stout, en ek sal jou die vulsel uitslaan, verstaan?"

As he spoke, he reached out and patted Buck's sore head.
Terwyl hy gepraat het, het hy uitgereik en Buck se seer kop geklop.

Buck's hair rose at the man's touch, but he didn't resist.
Buck se hare het rys toe die man dit aanraak, maar hy het nie weerstand gebied nie.

The man brought him water, which Buck drank in great gulps.
Die man het vir hom water gebring, wat Buck in groot slukke gedrink het.

Then came raw meat, which Buck devoured chunk by chunk.
Toe kom rou vleis, wat Buck stukkie vir stukkie verslind het.

He knew he was beaten, but he also knew he wasn't broken.
Hy het geweet hy is geslaan, maar hy het ook geweet hy was nie gebreek nie.

He had no chance against a man armed with a club.
Hy het geen kans gehad teen 'n man gewapen met 'n knuppel nie.

He had learned the truth, and he never forgot that lesson.
Hy het die waarheid geleer, en hy het daardie les nooit vergeet nie.

That weapon was the beginning of law in Buck's new world.
Daardie wapen was die begin van die wet in Buck se nuwe wêreld.

It was the start of a harsh, primitive order he could not deny.
Dit was die begin van 'n harde, primitiewe orde wat hy nie kon ontken nie.

He accepted the truth; his wild instincts were now awake.
Hy het die waarheid aanvaar; sy wilde instinkte was nou wakker.

The world had grown harsher, but Buck faced it bravely.
Die wêreld het harder geword, maar Buck het dit dapper die hoof gebied.
He met life with new caution, cunning, and quiet strength.
Hy het die lewe met nuwe versigtigheid, listigheid en stille krag tegemoetgegaan.
More dogs arrived, tied in ropes or crates like Buck had been.
Meer honde het aangekom, vasgemaak in toue of kratte soos Buck was.
Some dogs came calmly, others raged and fought like wild beasts.
Party honde het kalm gekom, ander het gewoed en soos wilde diere geveg.
All of them were brought under the rule of the red-sweatered man.
Hulle almal is onder die heerskappy van die man met die rooi trui gebring.
Each time, Buck watched and saw the same lesson unfold.
Elke keer het Buck gekyk en dieselfde les sien ontvou.
The man with the club was law; a master to be obeyed.
Die man met die knuppel was die wet; 'n meester wat gehoorsaam moes word.
He did not need to be liked, but he had to be obeyed.
Hy het nie nodig gehad om gehou te word nie, maar hy moes gehoorsaam word.
Buck never fawned or wagged like the weaker dogs did.
Bok het nooit gekuier of gewaggel soos die swakker honde nie.
He saw dogs that were beaten and still licked the man's hand.
Hy het honde gesien wat geslaan is en steeds die man se hand gelek het.
He saw one dog who would not obey or submit at all.
Hy het een hond gesien wat glad nie wou gehoorsaam of onderwerp nie.
That dog fought until he was killed in the battle for control.

Daardie hond het geveg totdat hy in die stryd om beheer dood is.

Strangers would sometimes come to see the red-sweatered man.

Vreemdelinge sou soms kom om die man met die rooi trui te sien.

They spoke in strange tones, pleading, bargaining, and laughing.

Hulle het in vreemde toonhoogte gepraat, gesmeek, onderhandel en gelag.

When money was exchanged, they left with one or more dogs.

Toe geld geruil is, het hulle met een of meer honde vertrek.

Buck wondered where these dogs went, for none ever returned.

Buck het gewonder waarheen hierdie honde gegaan het, want niemand het ooit teruggekeer nie.

fear of the unknown filled Buck every time a strange man came

vrees vir die onbekende het Buck elke keer gevul wanneer 'n vreemde man gekom het

he was glad each time another dog was taken, rather than himself.

Hy was bly elke keer as 'n ander hond geneem is, eerder as hyself.

But finally, Buck's turn came with the arrival of a strange man.

Maar uiteindelik het Buck se beurt gekom met die aankoms van 'n vreemde man.

He was small, wiry, and spoke in broken English and curses.

Hy was klein, draderig en het in gebroke Engels en vloekwoorde gepraat.

"Sacredam!" he yelled when he laid eyes on Buck's frame.

"Heilig!" het hy geskree toe hy Buck se lyf sien.

"That's one damn bully dog! Eh? How much?" he asked aloud.

"Dis een verdomde boeliehond! Ag? Hoeveel?" het hy hardop gevra.
"Three hundred, and he's a present at that price,"
"Driehonderd, en hy's 'n geskenk teen daardie prys,"
"Since it's government money, you shouldn't complain, Perrault."
"Aangesien dit staatsgeld is, moet jy nie kla nie, Perrault."
Perrault grinned at the deal he had just made with the man.
Perrault het geglimlag oor die ooreenkoms wat hy pas met die man gesluit het.
The price of dogs had soared due to the sudden demand.
Die prys van honde het gestyg as gevolg van die skielike vraag.
Three hundred dollars wasn't unfair for such a fine beast.
Driehonderd dollar was nie onregverdig vir so 'n pragtige dier nie.
The Canadian Government would not lose anything in the deal
Die Kanadese regering sou niks in die ooreenkoms verloor nie.
Nor would their official dispatches be delayed in transit.
Ook sou hul amptelike versendings nie tydens vervoer vertraag word nie.
Perrault knew dogs well, and could see Buck was something rare.
Perrault het honde goed geken, en kon sien dat Buck iets vreemds was.
"One in ten ten-thousand," he thought, as he studied Buck's build.
"Een uit tien tienduisend," het hy gedink terwyl hy Buck se bou bestudeer het.
Buck saw the money change hands, but showed no surprise.
Buck het gesien hoe die geld van eienaar verwissel, maar het geen verbasing getoon nie.
Soon he and Curly, a gentle Newfoundland, were led away.
Gou is hy en Curly, 'n sagte Newfoundlander, weggelei.
They followed the little man from the red sweater's yard.
Hulle het die klein mannetjie van die rooi trui se erf gevolg.

That was the last Buck ever saw of the man with the wooden club.
Dit was die laaste wat Buck ooit van die man met die houtknuppel gesien het.
From the Narwhal's deck he watched Seattle fade into the distance.
Van die Narwhal se dek af het hy Seattle in die verte sien verdwyn.
It was also the last time he ever saw the warm Southland.
Dit was ook die laaste keer dat hy ooit die warm Suidland gesien het.
Perrault took them below deck, and left them with François.
Perrault het hulle onderdek geneem en hulle by François gelos.
François was a black-faced giant with rough, calloused hands.
François was 'n swartgesigreus met growwe, eelte hande.
He was dark and swarthy; a half-breed French-Canadian.
Hy was donker en dor; 'n halfbloed Frans-Kanadees.
To Buck, these men were of a kind he had never seen before.
Vir Buck was hierdie manne van 'n soort wat hy nog nooit tevore gesien het nie.
He would come to know many such men in the days ahead.
Hy sou in die dae wat voorlê baie sulke manne leer ken.
He did not grow fond of them, but he came to respect them.
Hy het nie van hulle gehou nie, maar hy het hulle begin respekteer.
They were fair and wise, and not easily fooled by any dog.
Hulle was regverdig en wys, en nie maklik deur enige hond mislei nie.
They judged dogs calmly, and punished only when deserved.
Hulle het honde kalm beoordeel en slegs gestraf wanneer dit verdien is.
In the Narwhal's lower deck, Buck and Curly met two dogs.
In die Narwhal se onderste dek het Buck en Curly twee honde ontmoet.

One was a large white dog from far-off, icy Spitzbergen.
Een was 'n groot wit hond van die verre, ysige Spitsbergen.
He'd once sailed with a whaler and joined a survey group.
Hy het eenkeer saam met 'n walvisjagter geseil en by 'n opnamegroep aangesluit.
He was friendly in a sly, underhanded and crafty fashion.
Hy was vriendelik op 'n slinkse, onderduimse en listige manier.
At their first meal, he stole a piece of meat from Buck's pan.
By hulle eerste maaltyd het hy 'n stuk vleis uit Buck se pan gesteel.
Buck jumped to punish him, but François's whip struck first.
Buck het gespring om hom te straf, maar François se sweep het eerste getref.
The white thief yelped, and Buck reclaimed the stolen bone.
Die wit dief het geskree, en Buck het die gesteelde been teruggeëis.
That fairness impressed Buck, and François earned his respect.
Daardie billikheid het Buck beïndruk, en François het sy respek verdien.
The other dog gave no greeting, and wanted none in return.
Die ander hond het geen groet gegee nie, en wou niks terug hê nie.
He didn't steal food, nor sniff at the new arrivals with interest.
Hy het nie kos gesteel nie, en ook nie belangstellend aan die nuwe aankomelinge geruik nie.
This dog was grim and quiet, gloomy and slow-moving.
Hierdie hond was grimmig en stil, somber en stadig bewegend.
He warned Curly to stay away by simply glaring at her.
Hy het Curly gewaarsku om weg te bly deur haar bloot aan te staar.
His message was clear; leave me alone or there'll be trouble.

Sy boodskap was duidelik; los my uit, anders kom daar moeilikheid.
He was called Dave, and he barely noticed his surroundings.
Hy is Dave genoem, en hy het skaars sy omgewing opgemerk.
He slept often, ate quietly, and yawned now and again.
Hy het dikwels geslaap, stil geëet en nou en dan gegaap.

The ship hummed constantly with the beating propeller below.
Die skip het aanhoudend gegons met die kloppende skroef onder.
Days passed with little change, but the weather got colder.
Dae het met min verandering verbygegaan, maar die weer het kouer geword.
Buck could feel it in his bones, and noticed the others did too.
Buck kon dit in sy bene voel, en het opgemerk dat die ander dit ook gedoen het.
Then one morning, the propeller stopped and all was still.
Toe, een oggend, het die skroef gaan staan en alles was stil.
An energy swept through the ship; something had changed.
'n Energie het deur die skip gespoel; iets het verander.
François came down, clipped them on leashes, and brought them up.
François het afgekom, hulle aan leibande vasgemaak en hulle opgebring.
Buck stepped out and found the ground soft, white, and cold.
Buck het uitgestap en die grond sag, wit en koud gevind.
He jumped back in alarm and snorted in total confusion.
Hy het ontsteld teruggespring en in totale verwarring gesnork.
Strange white stuff was falling from the gray sky.
Vreemde wit goed het uit die grys lug geval.
He shook himself, but the white flakes kept landing on him.
Hy het homself geskud, maar die wit vlokkies het aanhou op hom land.

He sniffed the white stuff carefully and licked at a few icy bits.
Hy het die wit goed versigtig geruik en aan 'n paar ysige stukkies gelek.
The powder burned like fire, then vanished right off his tongue.
Die poeier het soos vuur gebrand en toe dadelik van sy tong af verdwyn.
Buck tried again, puzzled by the odd vanishing coldness.
Buck het weer probeer, verward deur die vreemde verdwynende koue.
The men around him laughed, and Buck felt embarrassed.
Die mans rondom hom het gelag, en Buck het verleë gevoel.
He didn't know why, but he was ashamed of his reaction.
Hy het nie geweet hoekom nie, maar hy was skaam oor sy reaksie.
It was his first experience with snow, and it confused him.
Dit was sy eerste ervaring met sneeu, en dit het hom verwar.

The Law of Club and Fang
Die Wet van Knub en Tand

Buck's first day on the Dyea beach felt like a terrible nightmare.
Buck se eerste dag op die Dyea-strand het soos 'n verskriklike nagmerrie gevoel.
Each hour brought new shocks and unexpected changes for Buck.
Elke uur het nuwe skokke en onverwagte veranderinge vir Buck gebring.
He had been pulled from civilization and thrown into wild chaos.
Hy is uit die beskawing geruk en in wilde chaos gedompel.
This was no sunny, lazy life with boredom and rest.
Dit was geen sonnige, lui lewe met verveeldheid en rus nie.
There was no peace, no rest, and no moment without danger.
Daar was geen vrede, geen rus en geen oomblik sonder gevaar nie.
Confusion ruled everything, and danger was always close.
Verwarring het alles oorheers, en gevaar was altyd naby.
Buck had to stay alert because these men and dogs were different.
Buck moes waaksaam bly, want hierdie mans en honde was anders.
They were not from towns; they were wild and without mercy.
Hulle was nie van dorpe afkomstig nie; hulle was wild en sonder genade.
These men and dogs only knew the law of club and fang.
Hierdie mans en honde het net die wet van knuppel en slagtand geken.
Buck had never seen dogs fight like these savage huskies.
Buck het nog nooit honde soos hierdie wrede huskies sien baklei nie.
His first experience taught him a lesson he would never forget.

Sy eerste ervaring het hom 'n les geleer wat hy nooit sou vergeet nie.
He was lucky it was not him, or he would have died too.
Hy was gelukkig dat dit nie hy was nie, anders sou hy ook gesterf het.
Curly was the one who suffered while Buck watched and learned.
Krulletjie was die een wat gely het terwyl Buck gekyk en geleer het.
They had made camp near a store built from logs.
Hulle het kamp opgeslaan naby 'n winkel wat van houtblokke gebou is.
Curly tried to be friendly to a large, wolf-like husky.
Krulletjie het probeer om vriendelik te wees teenoor 'n groot, wolfagtige husky.
The husky was smaller than Curly, but looked wild and mean.
Die husky was kleiner as Curly, maar het wild en gemeen gelyk.
Without warning, he jumped and slashed her face open.
Sonder waarskuwing het hy opgespring en haar gesig oopgesny.
His teeth cut from her eye down to her jaw in one move.
Sy tande sny in een beweging van haar oog tot by haar kakebeen.
This was how wolves fought—hit fast and jump away.
Só het wolwe geveg—vinnig geslaan en weggespring.
But there was more to learn than from that one attack.
Maar daar was meer om te leer as net uit daardie een aanval.
Dozens of huskies rushed in and made a silent circle.
Dosyne husky's het ingestorm en 'n stil sirkel gemaak.
They watched closely and licked their lips with hunger.
Hulle het stip dopgehou en hulle lippe van honger afgelek.
Buck didn't understand their silence or their eager eyes.
Buck het nie hulle stilte of hulle gretige oë verstaan nie.
Curly rushed to attack the husky a second time.

Krulletjie het gehardloop om die husky 'n tweede keer aan te val.
He used his chest to knock her over with a strong move.
Hy het sy bors gebruik om haar met 'n kragtige beweging om te gooi.
She fell on her side and could not get back up.
Sy het op haar sy geval en kon nie weer opstaan nie.
That was what the others had been waiting for all along.
Dit was waarvoor die ander heeltyd gewag het.
The huskies jumped on her, yelping and snarling in a frenzy.
Die huskies het op haar gespring, gillend en grommend in 'n waansin.
She screamed as they buried her under a pile of dogs.
Sy het geskree terwyl hulle haar onder 'n hoop honde begrawe het.
The attack was so fast that Buck froze in place with shock.
Die aanval was so vinnig dat Buck van skok in plek gevries het.
He saw Spitz stick out his tongue in a way that looked like a laugh.
Hy het gesien hoe Spitz sy tong uitsteek op 'n manier wat soos 'n lag gelyk het.
François grabbed an axe and ran straight into the group of dogs.
François het 'n byl gegryp en reguit in die groep honde ingehardloop.
Three other men used clubs to help beat the huskies away.
Drie ander mans het knuppels gebruik om die huskies weg te slaan.
In just two minutes, the fight was over and the dogs were gone.
Binne net twee minute was die geveg verby en die honde was weg.
Curly lay dead in the red, trampled snow, her body torn apart.

Krulletjie het dood in die rooi, vertrapte sneeu gelê, haar liggaam uitmekaar geskeur.

A dark-skinned man stood over her, cursing the brutal scene.

'n Donkervellige man het oor haar gestaan en die wrede toneel vervloek.

The memory stayed with Buck and haunted his dreams at night.

Die herinnering het by Buck gebly en sy drome snags agtervolg.

That was the way here; no fairness, no second chance.

Dit was die manier hier; geen regverdigheid, geen tweede kans nie.

Once a dog fell, the others would kill without mercy.

Sodra 'n hond geval het, sou die ander sonder genade doodmaak.

Buck decided then that he would never allow himself to fall.

Buck het toe besluit dat hy homself nooit sou toelaat om te val nie.

Spitz stuck out his tongue again and laughed at the blood.

Spitz het weer sy tong uitgesteek en vir die bloed gelag.

From that moment on, Buck hated Spitz with all his heart.

Van daardie oomblik af het Buck Spitz met sy hele hart gehaat.

Before Buck could recover from Curly's death, something new happened.

Voordat Buck van Curly se dood kon herstel, het iets nuuts gebeur.

François came over and strapped something around Buck's body.

François het nader gekom en iets om Buck se lyf vasgemaak.

It was a harness like the ones used on horses at the ranch.

Dit was 'n harnas soos dié wat op perde op die plaas gebruik word.

As Buck had seen horses work, now he was made to work too.

Soos Buck perde sien werk het, moes hy nou ook werk.

He had to pull François on a sled into the forest nearby.
Hy moes François op 'n slee die nabygeleë woud insleep.
Then he had to pull back a load of heavy firewood.
Toe moes hy 'n vrag swaar brandhout terugtrek.
Buck was proud, so it hurt him to be treated like a work animal.
Buck was trots, so dit het hom seergemaak om soos 'n werkdier behandel te word.
But he was wise and didn't try to fight the new situation.
Maar hy was wys en het nie probeer om die nuwe situasie te beveg nie.
He accepted his new life and gave his best in every task.
Hy het sy nuwe lewe aanvaar en sy beste in elke taak gegee.
Everything about the work was strange and unfamiliar to him.
Alles omtrent die werk was vir hom vreemd en onbekend.
François was strict and demanded obedience without delay.
François was streng en het sonder versuim gehoorsaamheid geëis.
His whip made sure that every command was followed at once.
Sy sweep het verseker dat elke bevel gelyktydig gevolg is.
Dave was the wheeler, the dog nearest the sled behind Buck.
Dave was die wielbestuurder, die hond naaste aan die slee agter Buck.
Dave bit Buck on the back legs if he made a mistake.
Dave het Buck aan die agterpote gebyt as hy 'n fout gemaak het.
Spitz was the lead dog, skilled and experienced in the role.
Spitz was die leidhond, bekwaam en ervare in die rol.
Spitz could not reach Buck easily, but still corrected him.
Spitz kon Buck nie maklik bereik nie, maar het hom steeds reggehelp.
He growled harshly or pulled the sled in ways that taught Buck.
Hy het hard gegrom of die slee getrek op maniere wat Buck geleer het.

Under this training, Buck learned faster than any of them expected.
Onder hierdie opleiding het Buck vinniger geleer as wat enigeen van hulle verwag het.

He worked hard and learned from both François and the other dogs.
Hy het hard gewerk en by beide François en die ander honde geleer.

By the time they returned, Buck already knew the key commands.
Teen die tyd dat hulle teruggekeer het, het Buck reeds die sleutelbevele geken.

He learned to stop at the sound of "ho" from François.
Hy het geleer om te stop by die klank van "ho" van François.

He learned when he had to pull the sled and run.
Hy het geleer wanneer hy die slee moes trek en hardloop.

He learned to turn wide at bends in the trail without trouble.
Hy het geleer om sonder probleme wyd te draai by draaie in die roete.

He also learned to avoid Dave when the sled went downhill fast.
Hy het ook geleer om Dave te vermy wanneer die slee vinnig afdraand gegaan het.

"They're very good dogs," François proudly told Perrault.
"Hulle is baie goeie honde," het François trots vir Perrault gesê.

"That Buck pulls like hell—I teach him quick as anything."
"Daardie Buck trek soos die hel—ek leer hom so vinnig as enigiets."

Later that day, Perrault came back with two more husky dogs.
Later daardie dag het Perrault teruggekom met nog twee husky honde.

Their names were Billee and Joe, and they were brothers.
Hulle name was Billee en Joe, en hulle was broers.

They came from the same mother, but were not alike at all.

Hulle het van dieselfde moeder gekom, maar was glad nie eenders nie.

Billee was sweet-natured and too friendly with everyone.
Billee was goedhartig en te vriendelik met almal.

Joe was the opposite—quiet, angry, and always snarling.
Joe was die teenoorgestelde—stil, kwaad en altyd grommend.

Buck greeted them in a friendly way and was calm with both.
Buck het hulle vriendelik gegroet en was kalm met albei.

Dave paid no attention to them and stayed silent as usual.
Dave het geen aandag aan hulle geskenk nie en soos gewoonlik stilgebly.

Spitz attacked first Billee, then Joe, to show his dominance.
Spitz het eers Billee, toe Joe, aangeval om sy oorheersing te toon.

Billee wagged his tail and tried to be friendly to Spitz.
Billee het sy stert geswaai en probeer om vriendelik teenoor Spitz te wees.

When that didn't work, he tried to run away instead.
Toe dit nie werk nie, het hy eerder probeer weghardloop.

He cried sadly when Spitz bit him hard on the side.
Hy het hartseer gehuil toe Spitz hom hard aan die sy gebyt het.

But Joe was very different and refused to be bullied.
Maar Joe was baie anders en het geweier om geboelie te word.

Every time Spitz came near, Joe spun to face him fast.
Elke keer as Spitz naby gekom het, het Joe vinnig omgedraai om hom in die gesig te staar.

His fur bristled, his lips curled, and his teeth snapped wildly.
Sy pels het geborsel, sy lippe het gekrul, en sy tande het wild geknap.

Joe's eyes gleamed with fear and rage, daring Spitz to strike.
Joe se oë het geglans van vrees en woede en Spitz uitgedaag om toe te slaan.

Spitz gave up the fight and turned away, humiliated and angry.

Spitz het die geveg opgegee en weggedraai, verneder en kwaad.

He took out his frustration on poor Billee and chased him away.

Hy het sy frustrasie op arme Billee uitgehaal en hom weggejaag.

That evening, Perrault added one more dog to the team.

Daardie aand het Perrault nog 'n hond by die span gevoeg.

This dog was old, lean, and covered in battle scars.

Hierdie hond was oud, maer en bedek met oorlogslittekens.

One of his eyes was missing, but the other flashed with power.

Een van sy oë was afwesig, maar die ander een het met krag geflits.

The new dog's name was Solleks, which meant the Angry One.

Die nuwe hond se naam was Solleks, wat die Kwaai Een beteken het.

Like Dave, Solleks asked nothing from others, and gave nothing back.

Soos Dave, het Solleks niks van ander gevra nie, en niks teruggegee nie.

When Solleks walked slowly into camp, even Spitz stayed away.

Toe Solleks stadig die kamp binnestap, het selfs Spitz weggebly.

He had a strange habit that Buck was unlucky to discover.

Hy het 'n vreemde gewoonte gehad wat Buck ongelukkig was om te ontdek.

Solleks hated being approached on the side where he was blind.

Solleks het dit gehaat om benader te word aan die kant waar hy blind was.

Buck did not know this and made that mistake by accident.

Buck het dit nie geweet nie en het daardie fout per ongeluk gemaak.

Solleks spun around and slashed Buck's shoulder deep and fast.
Solleks het omgedraai en Buck se skouer diep en vinnig gesny.

From that moment on, Buck never came near Solleks' blind side.
Van daardie oomblik af het Buck nooit naby Solleks se blindekant gekom nie.

They never had trouble again for the rest of their time together.
Hulle het nooit weer probleme gehad vir die res van hul tyd saam nie.

Solleks wanted only to be left alone, like quiet Dave.
Solleks wou net alleen gelaat word, soos stil Dave.

But Buck would later learn they each had another secret goal.
Maar Buck sou later uitvind dat hulle elkeen 'n ander geheime doelwit gehad het.

That night Buck faced a new and troubling challenge — how to sleep.
Daardie nag het Buck 'n nuwe en ontstellende uitdaging in die gesig gestaar — hoe om te slaap.

The tent glowed warmly with candlelight in the snowy field.
Die tent het warm gegloei met kerslig in die sneeubedekte veld.

Buck walked inside, thinking he could rest there like before.
Buck het binnetoe geloop en gedink hy kon daar rus soos voorheen.

But Perrault and François yelled at him and threw pans.
Maar Perrault en François het na hom geskree en panne gegooi.

Shocked and confused, Buck ran out into the freezing cold.
Geskok en verward het Buck die ysige koue in gehardloop.

A bitter wind stung his wounded shoulder and froze his paws.
'n Bitter wind het sy gewonde skouer gesteek en sy pote gevries.

He lay down in the snow and tried to sleep out in the open.

Hy het in die sneeu gaan lê en probeer om in die oopte te slaap.
But the cold soon forced him to get back up, shaking badly.
Maar die koue het hom gou gedwing om weer op te staan, terwyl hy erg bewerig was.
He wandered through the camp, trying to find a warmer spot.
Hy het deur die kamp gedwaal en probeer om 'n warmer plek te vind.
But every corner was just as cold as the one before.
Maar elke hoekie was net so koud soos die vorige een.
Sometimes savage dogs jumped at him from the darkness.
Soms het wilde honde vanuit die donkerte op hom gespring.
Buck bristled his fur, bared his teeth, and snarled with warning.
Buck het sy pels geborsel, sy tande ontbloot en waarskuwend gegrom.
He was learning fast, and the other dogs backed off quickly.
Hy het vinnig geleer, en die ander honde het vinnig teruggedeins.
Still, he had no place to sleep, and no idea what to do.
Tog het hy geen plek gehad om te slaap nie, en geen idee wat om te doen nie.
At last, a thought came to him — check on his team-mates.
Uiteindelik het 'n gedagte by hom opgekom — kyk na sy spanmaats.
He returned to their area and was surprised to find them gone.
Hy het na hul gebied teruggekeer en was verbaas om te sien dat hulle weg is.
Again he searched the camp, but still could not find them.
Weer het hy die kamp deursoek, maar kon hulle steeds nie vind nie.
He knew they could not be in the tent, or he would be too.
Hy het geweet hulle kon nie in die tent wees nie, anders sou hy ook wees.
So where had all the dogs gone in this frozen camp?

So waarheen het al die honde in hierdie bevrore kamp gegaan?

Buck, cold and miserable, slowly circled around the tent.
Buck, koud en ellendig, het stadig om die tent gesirkel.

Suddenly, his front legs sank into soft snow and startled him.
Skielik het sy voorpote in die sagte sneeu gesink en hom laat skrik.

Something wriggled under his feet, and he jumped back in fear.
Iets het onder sy voete gewriemel, en hy het van vrees agteroor gespring.

He growled and snarled, not knowing what lay beneath the snow.
Hy het gegrom en gegrom, sonder om te weet wat onder die sneeu lê.

Then he heard a friendly little bark that eased his fear.
Toe hoor hy 'n vriendelike klein geblaf wat sy vrees verlig het.

He sniffed the air and came closer to see what was hidden.
Hy het die lug gesnuif en nader gekom om te sien wat versteek was.

Under the snow, curled into a warm ball, was little Billee.
Onder die sneeu, opgerol in 'n warm bal, was klein Billee.

Billee wagged his tail and licked Buck's face to greet him.
Billee het sy stert geswaai en Buck se gesig gelek om hom te groet.

Buck saw how Billee had made a sleeping place in the snow.
Buck het gesien hoe Billee 'n slaapplek in die sneeu gemaak het.

He had dug down and used his own heat to stay warm.
Hy het afgegrawe en sy eie hitte gebruik om warm te bly.

Buck had learned another lesson—this was how the dogs slept.
Buck het nog 'n les geleer—só het die honde geslaap.

He picked a spot and started digging his own hole in the snow.
Hy het 'n plek gekies en sy eie gat in die sneeu begin grawe.

At first, he moved around too much and wasted energy.
Aanvanklik het hy te veel rondbeweeg en energie vermors.
But soon his body warmed the space, and he felt safe.
Maar gou het sy liggaam die ruimte warm gemaak, en hy het veilig gevoel.
He curled up tightly, and before long he was fast asleep.
Hy het styf opgerol, en kort voor lank was hy vas aan die slaap.
The day had been long and hard, and Buck was exhausted.
Die dag was lank en moeilik, en Buck was uitgeput.
He slept deeply and comfortably, though his dreams were wild.
Hy het diep en gemaklik geslaap, alhoewel sy drome wild was.
He growled and barked in his sleep, twisting as he dreamed.
Hy het in sy slaap gegrom en geblaf, en gedraai terwyl hy gedroom het.

Buck didn't wake up until the camp was already coming to life.
Buck het nie wakker geword voordat die kamp reeds tot lewe gekom het nie.
At first, he didn't know where he was or what had happened.
Aanvanklik het hy nie geweet waar hy was of wat gebeur het nie.
Snow had fallen overnight and completely buried his body.
Sneeu het oornag geval en sy liggaam heeltemal begrawe.
The snow pressed in around him, tight on all sides.
Die sneeu het om hom vasgedruk, styf aan alle kante.
Suddenly a wave of fear rushed through Buck's entire body.
Skielik het 'n vlaag van vrees deur Buck se hele liggaam gejaag.
It was the fear of being trapped, a fear from deep instincts.
Dit was die vrees om vasgevang te word, 'n vrees uit diep instinkte.
Though he had never seen a trap, the fear lived inside him.

Alhoewel hy nog nooit 'n lokval gesien het nie, het die vrees binne-in hom geleef.

He was a tame dog, but now his old wild instincts were waking.

Hy was 'n mak hond, maar nou het sy ou wilde instinkte wakker geword.

Buck's muscles tensed, and his fur stood up all over his back.

Buck se spiere het gespanne geraak, en sy pels het oor sy hele rug regop gestaan.

He snarled fiercely and sprang straight up through the snow.

Hy het woes gegrom en reguit deur die sneeu gespring.

Snow flew in every direction as he burst into the daylight.

Sneeu het in alle rigtings gevlieg toe hy in die daglig uitbars.

Even before landing, Buck saw the camp spread out before him.

Selfs voor landing het Buck die kamp voor hom sien uitsprei.

He remembered everything from the day before, all at once.

Hy het alles van die vorige dag tegelyk onthou.

He remembered strolling with Manuel and ending up in this place.

Hy het onthou hoe hy saam met Manuel gestap het en op hierdie plek beland het.

He remembered digging the hole and falling asleep in the cold.

Hy het onthou hoe hy die gat gegrawe en in die koue aan die slaap geraak het.

Now he was awake, and the wild world around him was clear.

Nou was hy wakker, en die wilde wêreld rondom hom was helder.

A shout from François hailed Buck's sudden appearance.

'n Geroep van François het Buck se skielike verskyning begroet.

"What did I say?" the dog-driver cried loudly to Perrault.

"Wat het ek gesê?" het die hondebestuurder hard vir Perrault geskree.

"That Buck for sure learns quick as anything," François added.

"Daardie Buck leer verseker so vinnig soos enigiets anders," het François bygevoeg.

Perrault nodded gravely, clearly pleased with the result.

Perrault het ernstig geknik, duidelik tevrede met die resultaat.

As a courier for the Canadian Government, he carried dispatches.

As 'n koerier vir die Kanadese regering het hy versendings vervoer.

He was eager to find the best dogs for his important mission.

Hy was gretig om die beste honde vir sy belangrike sending te vind.

He felt especially pleased now that Buck was part of the team.

Hy was veral bly nou dat Buck deel van die span was.

Three more huskies were added to the team within an hour.

Drie verdere huskies is binne 'n uur by die span gevoeg.

That brought the total number of dogs on the team to nine.

Dit het die totale aantal honde in die span op nege te staan gebring.

Within fifteen minutes all the dogs were in their harnesses.

Binne vyftien minute was al die honde in hul harnasse.

The sled team was swinging up the trail toward Dyea Cañon.

Die sleespan het die paadjie opgeswaai in die rigting van Dyea Cañon.

Buck felt glad to be leaving, even if the work ahead was hard.

Buck was bly om te vertrek, selfs al was die werk wat voorlê moeilik.

He found he did not particularly despise the labor or the cold.

Hy het gevind dat hy die arbeid of die koue nie besonder verag het nie.

He was surprised by the eagerness that filled the whole team.

Hy was verbaas deur die gretigheid wat die hele span gevul het.

Even more surprising was the change that had come over Dave and Solleks.

Nog meer verrassend was die verandering wat oor Dave en Solleks gekom het.

These two dogs were entirely different when they were harnessed.

Hierdie twee honde was heeltemal verskillend toe hulle getuig was.

Their passiveness and lack of concern had completely disappeared.

Hul passiwiteit en gebrek aan besorgdheid het heeltemal verdwyn.

They were alert and active, and eager to do their work well.

Hulle was wakker en aktief, en gretig om hul werk goed te doen.

They grew fiercely irritated at anything that caused delay or confusion.

Hulle het hewig geïrriteerd geraak oor enigiets wat vertraging of verwarring veroorsaak het.

The hard work on the reins was the center of their entire being.

Die harde werk aan die teuels was die middelpunt van hulle hele wese.

Sled pulling seemed to be the only thing they truly enjoyed.

Slee trek was blykbaar die enigste ding wat hulle werklik geniet het.

Dave was at the back of the group, closest to the sled itself.

Dave was agter in die groep, naaste aan die slee self.

Buck was placed in front of Dave, and Solleks pulled ahead of Buck.

Buck is voor Dave geplaas, en Solleks het voor Buck getrek.

The rest of the dogs were strung out ahead in a single file.

Die res van die honde was in 'n enkele ry vooruit uitgespan.

The lead position at the front was filled by Spitz.

Die voorste posisie aan die voorpunt is deur Spitz gevul.

Buck had been placed between Dave and Solleks for instruction.
Buck is tussen Dave en Solleks geplaas vir instruksie.
He was a quick learner, and they were firm and capable teachers.
Hy was 'n vinnige leerder, en hulle was ferm en bekwame onderwysers.
They never allowed Buck to remain in error for long.
Hulle het Buck nooit lank in die foute laat bly nie.
They taught their lessons with sharp teeth when needed.
Hulle het hul lesse met skerp tande geleer wanneer nodig.
Dave was fair and showed a quiet, serious kind of wisdom.
Dave was regverdig en het 'n stil, ernstige soort wysheid getoon.
He never bit Buck without a good reason to do so.
Hy het Buck nooit gebyt sonder 'n goeie rede daarvoor nie.
But he never failed to bite when Buck needed correction.
Maar hy het nooit versuim om te byt wanneer Buck regstelling nodig gehad het nie.
François's whip was always ready and backed up their authority.
François se sweep was altyd gereed en het hul gesag ondersteun.
Buck soon found it was better to obey than to fight back.
Buck het gou gevind dat dit beter was om te gehoorsaam as om terug te veg.
Once, during a short rest, Buck got tangled in the reins.
Eenkeer, tydens 'n kort ruskans, het Buck in die teuels verstrengel geraak.
He delayed the start and confused the team's movement.
Hy het die begin vertraag en die span se beweging verwar.
Dave and Solleks flew at him and gave him a rough beating.
Dave en Solleks het op hom afgestorm en hom 'n growwe pak slae gegee.
The tangle only got worse, but Buck learned his lesson well.
Die deurmekaarspul het net erger geword, maar Buck het sy les goed geleer.

From then on, he kept the reins taut, and worked carefully.
Van toe af het hy die leisels styf gehou en versigtig gewerk.
Before the day ended, Buck had mastered much of his task.
Voor die einde van die dag het Buck baie van sy taak bemeester.
His teammates almost stopped correcting or biting him.
Sy spanmaats het amper opgehou om hom te korrigeer of te byt.
François's whip cracked through the air less and less often.
François se sweep het al hoe minder gereeld deur die lug gekraak.
Perrault even lifted Buck's feet and carefully examined each paw.
Perrault het selfs Buck se voete opgelig en elke poot noukeurig ondersoek.
It had been a hard day's run, long and exhausting for them all.
Dit was 'n harde dag se hardloop, lank en uitputtend vir hulle almal.
They travelled up the Cañon, through Sheep Camp, and past the Scales.
Hulle het met die Cañon opgereis, deur Skaapkamp en verby die Skale.
They crossed the timber line, then glaciers and snowdrifts many feet deep.
Hulle het die houtgrens oorgesteek, toe gletsers en sneeudrifte baie voet diep.
They climbed the great cold and forbidding Chilkoot Divide.
Hulle het die groot koue en verskriklike Chilkoot-kloof geklim.
That high ridge stood between salt water and the frozen interior.
Daardie hoë rant het tussen soutwater en die bevrore binneland gestaan.
The mountains guarded the sad and lonely North with ice and steep climbs.

Die berge het die droewige en eensame Noorde met ys en steil klimme bewaak.

They made good time down a long chain of lakes below the divide.

Hulle het goeie tyd gemaak deur 'n lang ketting mere onder die kloof.

Those lakes filled the ancient craters of extinct volcanoes.

Daardie mere het die antieke kraters van uitgedoofde vulkane gevul.

Late that night, they reached a large camp at Lake Bennett.

Laat daardie nag het hulle 'n groot kamp by Lake Bennett bereik.

Thousands of gold seekers were there, building boats for spring.

Duisende goudsoekers was daar, besig om bote vir die lente te bou.

The ice was going break up soon, and they had to be ready.

Die ys sou binnekort opbreek, en hulle moes gereed wees.

Buck dug his hole in the snow and fell into a deep sleep.

Buck het sy gat in die sneeu gegrawe en in 'n diep slaap geval.

He slept like a working man, exhausted from the harsh day of toil.

Hy het geslaap soos 'n werkende man, uitgeput van die strawwe dag van swoeg.

But too early in the darkness, he was dragged from sleep.

Maar te vroeg in die donkerte is hy uit die slaap gesleep.

He was harnessed with his mates again and attached to the sled.

Hy is weer saam met sy maats vasgespan en aan die slee vasgemaak.

That day they made forty miles, because the snow was well trodden.

Daardie dag het hulle veertig myl afgelê, want die sneeu was goed getrap.

The next day, and for many days after, the snow was soft.

Die volgende dag, en vir baie dae daarna, was die sneeu sag.

They had to make the path themselves, working harder and moving slower.
Hulle moes self die pad maak, harder werk en stadiger beweeg.
Usually, Perrault walked ahead of the team with webbed snowshoes.
Gewoonlik het Perrault voor die span geloop met sneeuskoene met webbe.
His steps packed the snow, making it easier for the sled to move.
Sy treë het die sneeu vasgepak, wat dit vir die slee makliker gemaak het om te beweeg.
François, who steered from the gee-pole, sometimes took over.
François, wat van die gee-paal af gestuur het, het soms oorgeneem.
But it was rare that François took the lead
Maar dit was seldsaam dat François die leiding geneem het
because Perrault was in a rush to deliver the letters and parcels.
omdat Perrault haastig was om die briewe en pakkies af te lewer.
Perrault was proud of his knowledge of snow, and especially ice.
Perrault was trots op sy kennis van sneeu, en veral ys.
That knowledge was essential, because fall ice was dangerously thin.
Daardie kennis was noodsaaklik, want herfsys was gevaarlik dun.
Where water flowed fast beneath the surface, there was no ice at all.
Waar water vinnig onder die oppervlak gevloei het, was daar glad nie ys nie.

Day after day, the same routine repeated without end.
Dag na dag, dieselfde roetine herhaal sonder einde.
Buck toiled endlessly in the reins from dawn until night.

Buck het eindeloos in die leisels geswoeg van dagbreek tot nag.

They left camp in the dark, long before the sun had risen.

Hulle het die kamp in die donker verlaat, lank voor die son opgekom het.

By the time daylight came, many miles were already behind them.

Teen die tyd dat daglig aangebreek het, was baie kilometers reeds agter hulle.

They pitched camp after dark, eating fish and burrowing into snow.

Hulle het ná donker kamp opgeslaan, vis geëet en in die sneeu gegrawe.

Buck was always hungry and never truly satisfied with his ration.

Buck was altyd honger en nooit werklik tevrede met sy rantsoen nie.

He received a pound and a half of dried salmon each day.

Hy het elke dag 'n pond en 'n half gedroogde salm ontvang.

But the food seemed to vanish inside him, leaving hunger behind.

Maar die kos het binne-in hom verdwyn en die honger agtergelaat.

He suffered from constant pangs of hunger, and dreamed of more food.

Hy het aan voortdurende hongerpyne gely en van meer kos gedroom.

The other dogs got only one pound of food, but they stayed strong.

Die ander honde het net een pond kos gekry, maar hulle het sterk gebly.

They were smaller, and had been born into the northern life.

Hulle was kleiner, en was in die noordelike lewe gebore.

He swiftly lost the fastidiousness which had marked his old life.

Hy het vinnig die noukeurigheid verloor wat sy ou lewe gekenmerk het.

He had been a dainty eater, but now that was no longer possible.
Hy was 'n fyn eter, maar nou was dit nie meer moontlik nie.
His mates finished first and robbed him of his unfinished ration.
Sy maats het eerste klaargemaak en hom van sy onvoltooide rantsoen beroof.
Once they began there was no way to defend his food from them.
Toe hulle eers begin het, was daar geen manier om sy kos teen hulle te verdedig nie.
While he fought off two or three dogs, the others stole the rest.
Terwyl hy twee of drie honde afgeweer het, het die ander die res gesteel.
To fix this, he began eating as fast as the others ate.
Om dit reg te stel, het hy so vinnig begin eet soos die ander geëet het.
Hunger pushed him so hard that he even took food not his own.
Honger het hom so gedryf dat hy selfs kos geneem het wat nie sy eie was nie.
He watched the others and learned quickly from their actions.
Hy het die ander dopgehou en vinnig uit hul optrede geleer.
He saw Pike, a new dog, steal a slice of bacon from Perrault.
Hy het gesien hoe Pike, 'n nuwe hond, 'n sny spek van Perrault steel.
Pike had waited until Perrault's back was turned to steal the bacon.
Pike het gewag totdat Perrault se rug gedraai is om die spek te steel.
The next day, Buck copied Pike and stole the whole chunk.
Die volgende dag het Buck Pike nageboots en die hele stuk gesteel.
A great uproar followed, but Buck was not suspected.
'n Groot oproer het gevolg, maar Buck is nie verdink nie.

Dub, a clumsy dog who always got caught, was punished instead.
Dub, 'n lomp hond wat altyd gevang is, is eerder gestraf.
That first theft marked Buck as a dog fit to survive the North.
Daardie eerste diefstal het Buck gemerk as 'n hond wat geskik is om die Noorde te oorleef.
He showed he could adapt to new conditions and learn quickly.
Hy het gewys dat hy by nuwe omstandighede kan aanpas en vinnig kan leer.
Without such adaptability, he would have died swiftly and badly.
Sonder sulke aanpasbaarheid sou hy vinnig en sleg gesterf het.
It also marked the breakdown of his moral nature and past values.
Dit het ook die ineenstorting van sy morele aard en vorige waardes gemerk.
In the Southland, he had lived under the law of love and kindness.
In die Suidland het hy onder die wet van liefde en vriendelikheid geleef.
There it made sense to respect property and other dogs' feelings.
Daar het dit sin gemaak om eiendom en ander honde se gevoelens te respekteer.
But the Northland followed the law of club and the law of fang.
Maar die Noordland het die wet van die knuppel en die wet van die slagtand gevolg.
Whoever respected old values here was foolish and would fail.
Wie ook al ou waardes hier gerespekteer het, was dwaas en sou misluk.
Buck did not reason all this out in his mind.
Buck het dit alles nie in sy gedagtes uitgeredeneer nie.
He was fit, and so he adjusted without needing to think.

Hy was fiks, en daarom het hy aangepas sonder om te hoef te dink.

All his life, he had never run away from a fight.

Sy hele lewe lank het hy nog nooit van 'n geveg weggehardloop nie.

But the wooden club of the man in the red sweater changed that rule.

Maar die houtknuppel van die man in die rooi trui het daardie reël verander.

Now he followed a deeper, older code written into his being.

Nou het hy 'n dieper, ouer kode gevolg wat in sy wese geskryf was.

He did not steal out of pleasure, but from the pain of hunger.

Hy het nie uit plesier gesteel nie, maar uit die pyn van die honger.

He never robbed openly, but stole with cunning and care.

Hy het nooit openlik beroof nie, maar met slinksheid en sorg gesteel.

He acted out of respect for the wooden club and fear of the fang.

Hy het opgetree uit respek vir die houtknuppel en vrees vir die slagtand.

In short, he did what was easier and safer than not doing it.

Kortom, hy het gedoen wat makliker en veiliger was as om dit nie te doen nie.

His development—or perhaps his return to old instincts—was fast.

Sy ontwikkeling—of miskien sy terugkeer na ou instinkte—was vinnig.

His muscles hardened until they felt as strong as iron.

Sy spiere het verhard totdat hulle so sterk soos yster gevoel het.

He no longer cared about pain, unless it was serious.

Hy het nie meer omgegee vir pyn nie, tensy dit ernstig was.

He became efficient inside and out, wasting nothing at all.

Hy het van binne en van buite doeltreffend geword en glad niks vermors nie.

He could eat things that were vile, rotten, or hard to digest.

Hy kon dinge eet wat afstootlik, vrot of moeilik verteerbaar was.

Whatever he ate, his stomach used every last bit of value.

Wat hy ook al geëet het, sy maag het elke laaste bietjie waarde gebruik.

His blood carried the nutrients far through his powerful body.

Sy bloed het die voedingstowwe ver deur sy kragtige liggaam gedra.

This built strong tissues that gave him incredible endurance.

Dit het sterk weefsel gebou wat hom ongelooflike uithouvermoë gegee het.

His sight and smell became much more sensitive than before.

Sy sig en reuk het baie meer sensitief geword as voorheen.

His hearing grew so sharp he could detect faint sounds in sleep.

Sy gehoor het so skerp geword dat hy dowwe geluide in sy slaap kon opspoor.

He knew in his dreams whether the sounds meant safety or danger.

Hy het in sy drome geweet of die geluide veiligheid of gevaar beteken het.

He learned to bite the ice between his toes with his teeth.

Hy het geleer om die ys tussen sy tone met sy tande te byt.

If a water hole froze over, he would break the ice with his legs.

As 'n watergat toevries, sou hy die ys met sy bene breek.

He reared up and struck the ice hard with stiff front limbs.

Hy het orent gekom en die ys hard met stywe voorpote geslaan.

His most striking ability was predicting wind changes overnight.

Sy mees opvallende vermoë was om windveranderinge oornag te voorspel.

Even when the air was still, he chose spots sheltered from wind.

Selfs toe die lug stil was, het hy plekke gekies wat teen die wind beskut was.

Wherever he dug his nest, the next day's wind passed him by.

Waar hy ook al sy nes gegrawe het, het die volgende dag se wind hom verbygewaai.

He always ended up snug and protected, to leeward of the breeze.

Hy het altyd knus en beskermd geëindig, aan die lykkant van die briesie.

Buck not only learned by experience — his instincts returned too.

Buck het nie net deur ondervinding geleer nie — sy instinkte het ook teruggekeer.

The habits of domesticated generations began to fall away.

Die gewoontes van makgemaakte geslagte het begin wegval.

In vague ways, he remembered the ancient times of his breed.

Op vae maniere het hy die antieke tye van sy ras onthou.

He thought back to when wild dogs ran in packs through forests.

Hy het teruggedink aan toe wildehonde in troppe deur woude gehardloop het.

They had chased and killed their prey while running it down.

Hulle het hul prooi gejaag en doodgemaak terwyl hulle dit afgejaag het.

It was easy for Buck to learn how to fight with tooth and speed.

Dit was maklik vir Buck om te leer hoe om met tand en spoed te veg.

He used cuts, slashes, and quick snaps just like his ancestors.

Hy het snye, houe en vinnige knape gebruik, net soos sy voorouers.

Those ancestors stirred within him and awoke his wild nature.
Daardie voorouers het in hom geroer en sy wilde natuur wakker gemaak.

Their old skills had passed into him through the bloodline.
Hul ou vaardighede het deur die bloedlyn in hom oorgedra.

Their tricks were his now, with no need for practice or effort.
Hul truuks was nou syne, sonder enige oefening of moeite.

On still, cold nights, Buck lifted his nose and howled.
Op stil, koue nagte het Buck sy neus opgelig en gehuil.

He howled long and deep, the way wolves had done long ago.
Hy het lank en diep gehuil, soos wolwe lank gelede gedoen het.

Through him, his dead ancestors pointed their noses and howled.
Deur hom het sy oorlede voorouers hul neuse gewys en gehuil.

They howled down through the centuries in his voice and shape.
Hulle het deur die eeue heen gehuil in sy stem en gedaante.

His cadences were theirs, old cries that told of grief and cold.
Sy kadense was hulle s'n, ou uitroepe wat van hartseer en koue vertel het.

They sang of darkness, of hunger, and the meaning of winter.
Hulle het gesing van duisternis, van honger en die betekenis van die winter.

Buck proved of how life is shaped by forces beyond oneself,
Buck het bewys hoe die lewe gevorm word deur kragte buite jouself,

the ancient song rose through Buck and took hold of his soul.

die antieke lied het deur Buck opgestaan en sy siel beetgepak.
He found himself because men had found gold in the North.
Hy het homself gevind omdat mans goud in die Noorde gevind het.
And he found himself because Manuel, the gardener's helper, needed money.
En hy het homself bevind omdat Manuel, die tuinier se helper, geld nodig gehad het.

The Dominant Primordial Beast
Die Dominante Oerdier

The dominant primordial beast was as strong as ever in Buck.
Die dominante oerbeest was so sterk soos altyd in Buck.
But the dominant primordial beast had lain dormant in him.
Maar die dominante oerdier het dormant in hom gelê.
Trail life was harsh, but it strengthened beast inside Buck.
Die lewe op die roete was hard, maar dit het die dier binne Buck versterk.
Secretly the beast grew stronger and stronger every day.
In die geheim het die dier elke dag sterker en sterker geword.
But that inner growth stayed hidden to the outside world.
Maar daardie innerlike groei het vir die buitewêreld verborge gebly.
A quiet and calm primordial force was building inside Buck.
'n Stil en kalm oerkrag was besig om binne-in Buck op te bou.
New cunning gave Buck balance, calm control, and poise.
Nuwe listigheid het Buck balans, kalmte en beheersing gegee.
Buck focused hard on adapting, never feeling fully relaxed.
Buck het hard gefokus op aanpassing, en het nooit heeltemal ontspanne gevoel nie.
He avoided conflict, never starting fights, nor seeking trouble.
Hy het konflik vermy, nooit bakleiery begin of moeilikheid gesoek nie.
A slow, steady thoughtfulness shaped Buck's every move.
'n Stadige, bestendige bedagsaamheid het Buck se elke beweging gevorm.
He avoided rash choices and sudden, reckless decisions.
Hy het oorhaastige keuses en skielike, roekelose besluite vermy.
Though Buck hated Spitz deeply, he showed him no aggression.
Alhoewel Buck Spitz diep gehaat het, het hy hom geen aggressie getoon nie.

Buck never provoked Spitz, and kept his actions restrained.
Buck het Spitz nooit uitgelok nie, en het sy optrede beheersd gehou.
Spitz, on the other hand, sensed the growing danger in Buck.
Spitz, aan die ander kant, het die groeiende gevaar in Buck aangevoel.
He saw Buck as a threat and a serious challenge to his power.
Hy het Buck as 'n bedreiging en 'n ernstige uitdaging vir sy mag beskou.
He used every chance to snarl and show his sharp teeth.
Hy het elke kans gebruik om te grom en sy skerp tande te wys.
He was trying to start the deadly fight that had to come.
Hy het probeer om die dodelike geveg te begin wat moes kom.
Early in the trip, a fight nearly broke out between them.
Vroeg in die reis het 'n geveg amper tussen hulle uitgebreek.
But an unexpected accident stopped the fight from happening.
Maar 'n onverwagte ongeluk het die geveg verhoed.
That evening they set up camp on the bitterly cold Lake Le Barge.
Daardie aand het hulle kamp opgeslaan by die bitterkoue Lake Le Barge.
The snow was falling hard, and the wind cut like a knife.
Die sneeu het hard geval, en die wind het soos 'n mes gesny.
The night had come too fast, and darkness surrounded them.
Die nag het te vinnig gekom, en duisternis het hulle omring.
They could hardly have chosen a worse place for rest.
Hulle kon nouliks 'n slegter plek vir rus gekies het.
The dogs searched desperately for a place to lie down.
Die honde het desperaat gesoek na 'n plek om te lê.
A tall rock wall rose steeply behind the small group.
'n Hoë rotsmuur het steil agter die klein groepie verrys.
The tent had been left behind in Dyea to lighten the load.
Die tent is in Dyea agtergelaat om die las ligter te maak.

They had no choice but to make the fire on the ice itself.
Hulle het geen ander keuse gehad as om self die vuur op die ys te maak nie.
They spread their sleeping robes directly on the frozen lake.
Hulle het hul slaapklere direk op die bevrore meer uitgesprei.
A few sticks of driftwood gave them a little bit of fire.
'n Paar stokke dryfhout het hulle 'n bietjie vuur gegee.
But the fire was built on the ice, and thawed through it.
Maar die vuur is op die ys gebou en daardeur ontdooi.
Eventually they were eating their supper in darkness.
Uiteindelik het hulle hul aandete in die donker geëet.
Buck curled up beside the rock, sheltered from the cold wind.
Buck het langs die rots opgekrul, beskut teen die koue wind.
The spot was so warm and safe that Buck hated to move away.
Die plek was so warm en veilig dat Buck dit gehaat het om weg te trek.
But François had warmed the fish and was handing out rations.
Maar François het die vis warm gemaak en was besig om rantsoene uit te deel.
Buck finished eating quickly, and returned to his bed.
Buck het vinnig klaar geëet en teruggekeer na sy bed.
But Spitz was now laying where Buck had made his bed.
Maar Spitz het nou gelê waar Buck sy bed opgemaak het.
A low snarl warned Buck that Spitz refused to move.
'n Sagte gegrom het Buck gewaarsku dat Spitz geweier het om te beweeg.
Until now, Buck had avoided this fight with Spitz.
Tot nou toe het Buck hierdie geveg met Spitz vermy.
But deep inside Buck the beast finally broke loose.
Maar diep binne Buck het die dier uiteindelik losgebreek.
The theft of his sleeping place was too much to tolerate.
Die diefstal van sy slaapplek was te veel om te duld.
Buck launched himself at Spitz, full of anger and rage.
Buck het homself na Spitz gestorm, vol woede en woede.

Up until not Spitz had thought Buck was just a big dog.
Tot nou toe het Spitz gedink Buck was net 'n groot hond.
He didn't think Buck had survived through his spirit.
Hy het nie gedink Buck het deur sy gees oorleef nie.
He was expecting fear and cowardice, not fury and revenge.
Hy het vrees en lafhartigheid verwag, nie woede en wraak nie.
François stared as both dogs burst from the ruined nest.
François het gestaar terwyl albei honde uit die verwoeste nes bars.
He understood at once what had started the wild struggle.
Hy het dadelik verstaan wat die wilde stryd begin het.
"A-a-ah!" François cried out in support of the brown dog.
"Aa-ah!" het François uitgeroep ter ondersteuning van die bruin hond.
"Give him a beating! By God, punish that sneaky thief!"
"Gee hom 'n pak slae! By God, straf daardie slinkse dief!"
Spitz showed equal readiness and wild eagerness to fight.
Spitz het ewe veel gereedheid en wilde gretigheid om te veg getoon.
He cried out in rage while circling fast, seeking an opening.
Hy het woedend uitgeroep terwyl hy vinnig om die draai gekom het, op soek na 'n opening.
Buck showed the same hunger to fight, and the same caution.
Buck het dieselfde honger om te veg, en dieselfde versigtigheid getoon.
He circled his opponent as well, trying to gain the upper hand in battle.
Hy het ook om sy teenstander gesirkel in 'n poging om die oorhand in die geveg te kry.
Then something unexpected happened and changed everything.
Toe gebeur iets onverwags en verander alles.
That moment delayed the eventual fight for the leadership.
Daardie oomblik het die uiteindelike stryd om die leierskap vertraag.
Many miles of trail and struggle still waited before the end.

Baie kilometers se roete en gesukkel het nog voor die einde gewag.

Perrault shouted an oath as a club smacked against bone.
Perrault het 'n eed geskreeu terwyl 'n knuppel teen die been geslaan het.

A sharp yelp of pain followed, then chaos exploded all around.
'n Skerp pyngil het gevolg, toe het chaos oral ontplof.

Dark shapes moved in camp; wild huskies, starved and fierce.
Donker gedaantes het in die kamp beweeg; wilde husky's, uitgehonger en fel.

Four or five dozen huskies had sniffed the camp from far away.
Vier of vyf dosyn huskies het die kamp van ver af besnuffel.

They had crept in quietly while the two dogs fought nearby.
Hulle het stilweg ingesluip terwyl die twee honde naby baklei het.

François and Perrault charged, swinging clubs at the invaders.
François en Perrault het aangeval en knuppels na die indringers geswaai.

The starving huskies showed teeth and fought back in frenzy.
Die uitgehongerde huskies het tande gewys en woes teruggeveg.

The smell of meat and bread had driven them past all fear.
Die reuk van vleis en brood het hulle oor alle vrees gedryf.

Perrault beat a dog that had buried its head in the grub-box.
Perrault het 'n hond geslaan wat sy kop in die larwehok begrawe het.

The blow hit hard, and the box flipped, food spilling out.
Die hou het hard geslaan, en die boks het omgeslaan, en kos het uitgemors.

In seconds, a score of wild beasts tore into the bread and meat.

Binne sekondes het 'n tiental wilde diere die brood en vleis verskeur.

The men's clubs landed blow after blow, but no dog turned away.

Die mansklubs het hou na hou geland, maar geen hond het weggedraai nie.

They howled in pain, but fought until no food remained.

Hulle het gehuil van die pyn, maar geveg totdat daar geen kos oor was nie.

Meanwhile, the sled-dogs had jumped from their snowy beds.

Intussen het die sleehonde van hul sneeubedekte beddens afgespring.

They were instantly attacked by the vicious hungry huskies.

Hulle is onmiddellik aangeval deur die wrede honger huskies.

Buck had never seen such wild and starved creatures before.

Buck het nog nooit tevore sulke wilde en uitgehongerde wesens gesien nie.

Their skin hung loose, barely hiding their skeletons.

Hul vel het los gehang en skaars hul geraamtes versteek.

There was a fire in their eyes, from hunger and madness

Daar was 'n vuur in hulle oë, van honger en waansin

There was no stopping them; no resisting their savage rush.

Daar was geen keer vir hulle nie; geen weerstand teen hul wrede stormloop nie.

The sled-dogs were shoved back, pressed against the cliff wall.

Die sleehonde is teruggestoot, teen die kransmuur gedruk.

Three huskies attacked Buck at once, tearing into his flesh.

Drie husky's het Buck gelyktydig aangeval en in sy vlees geskeur.

Blood poured from his head and shoulders, where he'd been cut.

Bloed het uit sy kop en skouers gestroom, waar hy gesny was.

The noise filled the camp; growling, yelps, and cries of pain.

Die geraas het die kamp gevul; gegrom, gegil en pynkrete.

Billee cried loudly, as usual, caught in the fray and panic.

Billee het hard gehuil, soos gewoonlik, vasgevang in die geveg en paniek.

Dave and Solleks stood side by side, bleeding but defiant.
Dave en Solleks het langs mekaar gestaan, bloeiend maar uitdagend.

Joe fought like a demon, biting anything that came close.
Joe het soos 'n demoon geveg en enigiets gebyt wat naby gekom het.

He crushed a husky's leg with one brutal snap of his jaws.
Hy het 'n husky se been met een brutale klap van sy kake vergruis.

Pike jumped on the wounded husky and broke its neck instantly.
Snoek het op die gewonde husky gespring en sy nek onmiddellik gebreek.

Buck caught a husky by the throat and ripped through the vein.
Buck het 'n hees hond aan die keel gegryp en deur die aar geskeur.

Blood sprayed, and the warm taste drove Buck into a frenzy.
Bloed het gespuit, en die warm smaak het Buck in 'n waansin gedryf.

He hurled himself at another attacker without hesitation.
Hy het homself sonder aarseling op 'n ander aanvaller gegooi.

At the same moment, sharp teeth dug into Buck's own throat.
Op dieselfde oomblik het skerp tande in Buck se eie keel gegrawe.

Spitz had struck from the side, attacking without warning.
Spitz het van die kant af toegeslaan en sonder waarskuwing aangeval.

Perrault and François had defeated the dogs stealing the food.
Perrault en François het die honde wat die kos gesteel het, verslaan.

Now they rushed to help their dogs fight back the attackers.

Nou het hulle gehaas om hul honde te help om die aanvallers terug te veg.

The starving dogs retreated as the men swung their clubs.
Die uitgehongerde honde het teruggetrek terwyl die mans hul knuppels geswaai het.

Buck broke free from the attack, but the escape was brief.
Buck het van die aanval losgebreek, maar die ontsnapping was van korte duur.

The men ran to save their dogs, and the huskies swarmed again.
Die mans het gehardloop om hul honde te red, en die husky's het weer geswerm.

Billee, frightened into bravery, leapt into the pack of dogs.
Billee, verskrik tot dapperheid, spring in die trop honde in.

But then he fled across the ice, in raw terror and panic.
Maar toe het hy oor die ys gevlug, in rou vrees en paniek.

Pike and Dub followed close behind, running for their lives.
Pike en Dub het kort agter hulle gevolg en vir hul lewens gehardloop.

The rest of the team broke and scattered, following after them.
Die res van die span het uitgebreek en verstrooi, agter hulle aan.

Buck gathered his strength to run, but then saw a flash.
Buck het sy kragte bymekaargeskraap om te hardloop, maar toe sien hy 'n flits.

Spitz lunged at Buck's side, trying to knock him to the ground.
Spitz het na Buck se sy gestorm en probeer om hom teen die grond te gooi.

Under that mob of huskies, Buck would have had no escape.
Onder daardie skare husky's sou Buck geen ontsnapping gehad het nie.

But Buck stood firm and braced for the blow from Spitz.
Maar Buck het ferm gebly en hom gestaal vir die hou van Spitz.

Then he turned and ran out onto the ice with the fleeing team.
Toe omdraai hy en hardloop saam met die vlugtende span op die ys.

Later, the nine sled-dogs gathered in the shelter of the woods.
Later het die nege sleehonde in die skuiling van die bos bymekaargekom.

No one chased them anymore, but they were battered and wounded.
Niemand het hulle meer agternagesit nie, maar hulle is aangerand en gewond.

Each dog had wounds; four or five deep cuts on every body.
Elke hond het wonde gehad; vier of vyf diep snye aan elke liggaam.

Dub had an injured hind leg and struggled to walk now.
Dub het 'n beseerde agterbeen gehad en het gesukkel om nou te loop.

Dolly, the newest dog from Dyea, had a slashed throat.
Dolly, die nuutste hond van Dyea, het 'n afgesnyde keel gehad.

Joe had lost an eye, and Billee's ear was cut to pieces
Joe het 'n oog verloor, en Billee se oor was in stukke gesny.

All the dogs cried in pain and defeat through the night.
Al die honde het deur die nag van pyn en nederlaag gehuil.

At dawn they crept back to camp, sore and broken.
Met dagbreek het hulle terug kamp toe gesluip, seer en stukkend.

The huskies had vanished, but the damage had been done.
Die husky's het verdwyn, maar die skade was aangerig.

Perrault and François stood in foul moods over the ruin.
Perrault en François het in slegte buie gestaan oor die ruïne.

Half of the food was gone, snatched by the hungry thieves.
Die helfte van die kos was weg, gesteel deur die honger diewe.

The huskies had torn through sled bindings and canvas.

Die huskies het deur sleebindings en seil geskeur.
Anything with a smell of food had been devoured completely.
Enigiets met 'n reuk na kos is heeltemal verslind.
They ate a pair of Perrault's moose-hide traveling boots.
Hulle het 'n paar van Perrault se elandvel-reisstewels geëet.
They chewed leather reis and ruined straps beyond use.
Hulle het leerreise gekou en bande onbruikbaar verwoes.
François stopped staring at the torn lash to check the dogs.
François het opgehou staar na die geskeurde wimper om die honde te ondersoek.
"Ah, my friends," he said, his voice low and filled with worry.
"Ag, my vriende," het hy gesê, sy stem laag en vol kommer.
"Maybe all these bites will turn you into mad beasts."
"Miskien sal al hierdie byte julle in mal diere verander."
"Maybe all mad dogs, sacredam! What do you think, Perrault?"
"Miskien almal mal honde, heilige dame! Wat dink jy, Perrault?"
Perrault shook his head, eyes dark with concern and fear.
Perrault het sy kop geskud, oë donker van kommer en vrees.
Four hundred miles still lay between them and Dawson.
Vierhonderd myl het nog tussen hulle en Dawson gelê.
Dog madness now could destroy any chance of survival.
Honde-waansin kan nou enige kans op oorlewing vernietig.
They spent two hours swearing and trying to fix the gear.
Hulle het twee ure lank gevloek en probeer om die toerusting reg te maak.
The wounded team finally left the camp, broken and defeated.
Die gewonde span het uiteindelik die kamp verlaat, gebroke en verslaan.
This was the hardest trail yet, and each step was painful.
Dit was die moeilikste roete tot nog toe, en elke tree was pynlik.

The Thirty Mile River had not frozen, and was rushing wildly.
Die Dertig Myl-rivier het nie gevries nie, en het wild gestroom.

Only in calm spots and swirling eddies did ice manage to hold.
Slegs in kalm kolle en kolkende draaikolke het ys daarin geslaag om te hou.

Six days of hard labor passed until the thirty miles were done.
Ses dae van harde arbeid het verbygegaan totdat die dertig myl voltooi was.

Each mile of the trail brought danger and the threat of death.
Elke myl van die roete het gevaar en die dreiging van die dood gebring.

The men and dogs risked their lives with every painful step.
Die mans en honde het hul lewens met elke pynlike tree gewaag.

Perrault broke through thin ice bridges a dozen different times.
Perrault het 'n dosyn verskillende kere deur dun ysbruggies gebreek.

He carried a pole and let it fall across the hole his body made.
Hy het 'n paal gedra en dit oor die gat wat sy liggaam gemaak het, laat val.

More than once did that pole save Perrault from drowning.
Meer as een keer het daardie paal Perrault van verdrinking gered.

The cold snap held firm, the air was fifty degrees below zero.
Die koue vlaag het vasgehou, die lug was vyftig grade onder vriespunt.

Every time he fell in, Perrault had to light a fire to survive.
Elke keer as hy ingeval het, moes Perrault 'n vuur aansteek om te oorleef.

Wet clothing froze fast, so he dried them near blazing heat.

Nat klere het vinnig gevries, so hy het dit naby die brandende hitte gedroog.

No fear ever touched Perrault, and that made him a courier.
Geen vrees het Perrault ooit geraak nie, en dit het hom 'n koerier gemaak.

He was chosen for danger, and he met it with quiet resolve.
Hy is gekies vir gevaar, en hy het dit met stille vasberadenheid tegemoetgegaan.

He pressed forward into wind, his shriveled face frostbitten.
Hy het vorentoe teen die wind gedruk, sy verrekte gesig bevrore.

From faint dawn to nightfall, Perrault led them onward.
Van flou dagbreek tot nagval het Perrault hulle verder gelei.

He walked on narrow rim ice that cracked with every step.
Hy het op smal randys geloop wat met elke tree gekraak het.

They dared not stop — each pause risked a deadly collapse.
Hulle het nie gewaag om te stop nie — elke pouse het 'n dodelike ineenstorting in gevaar gestel.

One time the sled broke through, pulling Dave and Buck in.
Eenkeer het die slee deurgebreek en Dave en Buck ingesleep.

By the time they were dragged free, both were near frozen.
Teen die tyd dat hulle vrygesleep is, was albei amper gevries.

The men built a fire quickly to keep Buck and Dave alive.
Die mans het vinnig 'n vuur gemaak om Buck en Dave aan die lewe te hou.

The dogs were coated in ice from nose to tail, stiff as carved wood.
Die honde was van neus tot stert met ys bedek, styf soos gesnede hout.

The men ran them in circles near the fire to thaw their bodies.
Die mans het hulle in sirkels naby die vuur laat hardloop om hulle liggame te ontdooi.

They came so close to the flames that their fur was singed.
Hulle het so naby aan die vlamme gekom dat hulle pels geskroei het.

Spitz broke through the ice next, dragging in the team behind him.
Spitz het volgende deur die ys gebreek en die span agter hom ingesleep.

The break reached all the way up to where Buck was pulling.
Die breuk het heeltemal tot by waar Buck getrek het, gestrek.

Buck leaned back hard, paws slipping and trembling on the edge.
Buck leun hard agteroor, pote gly en bewe op die rand.

Dave also strained backward, just behind Buck on the line.
Dave het ook agtertoe gespanne geraak, net agter Buck op die lyn.

François hauled on the sled, his muscles cracking with effort.
François het op die slee getrek, sy spiere het gekraak van inspanning.

Another time, rim ice cracked before and behind the sled.
Nog 'n keer het randys voor en agter die slee gekraak.

They had no way out except to climb a frozen cliff wall.
Hulle het geen uitweg gehad behalwe om teen 'n bevrore kransmuur uit te klim nie.

Perrault somehow climbed the wall; a miracle kept him alive.
Perrault het op een of ander manier teen die muur uitgeklim; 'n wonderwerk het hom aan die lewe gehou.

François stayed below, praying for the same kind of luck.
François het onder gebly en vir dieselfde soort geluk gebid.

They tied every strap, lashing, and trace into one long rope.
Hulle het elke band, vasmaakplek en spoor in een lang tou vasgemaak.

The men hauled each dog up, one at a time to the top.
Die mans het elke hond, een op 'n slag, na bo gesleep.

François climbed last, after the sled and the entire load.
François het laaste geklim, na die slee en die hele vrag.

Then began a long search for a path down from the cliffs.
Toe begin 'n lang soektog na 'n pad van die kranse af.

They finally descended using the same rope they had made.
Hulle het uiteindelik afgeklim met dieselfde tou wat hulle gemaak het.
Night fell as they returned to the riverbed, exhausted and sore.
Die nag het geval toe hulle uitgeput en seer na die rivierbedding terugkeer.
They had taken a full day to cover only a quarter of a mile.
Die volle dag het hulle slegs 'n kwartmyl se wins opgelewer.
By the time they reached the Hootalinqua, Buck was worn out.
Teen die tyd dat hulle die Hootalinqua bereik het, was Buck uitgeput.
The other dogs suffered just as badly from the trail conditions.
Die ander honde het net so erg onder die roetetoestande gely.
But Perrault needed to recover time, and pushed them on each day.
Maar Perrault moes tyd herwin en het hulle elke dag aangepor.
The first day they traveled thirty miles to Big Salmon.
Die eerste dag het hulle dertig myl na Big Salmon gereis.
The next day they travelled thirty-five miles to Little Salmon.
Die volgende dag het hulle vyf-en-dertig myl na Little Salmon gereis.
On the third day they pushed through forty long frozen miles.
Op die derde dag het hulle deur veertig lang bevrore myle gedruk.
By then, they were nearing the settlement of Five Fingers.
Teen daardie tyd was hulle naby die nedersetting Five Fingers.

Buck's feet were softer than the hard feet of native huskies.
Buck se voete was sagter as die harde voete van inheemse huskies.

His paws had grown tender over many civilized generations.
Sy pote het oor baie beskaafde geslagte sag geword.
Long ago, his ancestors had been tamed by river men or hunters.
Lank gelede is sy voorouers deur riviermense of jagters getem.
Every day Buck limped in pain, walking on raw, aching paws.
Elke dag het Buck mank geloop van die pyn, en op rou, seer pote geloop.
At camp, Buck dropped like a lifeless form upon the snow.
By die kamp het Buck soos 'n lewelose vorm op die sneeu geval.
Though starving, Buck did not rise to eat his evening meal.
Alhoewel hy uitgehonger was, het Buck nie opgestaan om sy aandete te eet nie.
François brought Buck his ration, laying fish by his muzzle.
François het vir Buck sy rantsoen gebring en vis by sy snoet gelê.
Each night the driver rubbed Buck's feet for half an hour.
Elke aand het die bestuurder Buck se voete vir 'n halfuur gevryf.
François even cut up his own moccasins to make dog footwear.
François het selfs sy eie mokassins opgesny om hondeskoene te maak.
Four warm shoes gave Buck a great and welcome relief.
Vier warm skoene het Buck 'n groot en welkome verligting gegee.
One morning, François forgot the shoes, and Buck refused to rise.
Een oggend het François die skoene vergeet, en Buck het geweier om op te staan.
Buck lay on his back, feet in the air, waving them pitifully.
Buck het op sy rug gelê, sy voete in die lug, en hulle jammerlik gewaai.
Even Perrault grinned at the sight of Buck's dramatic plea.

Selfs Perrault het geglimlag by die aanskoue van Buck se dramatiese pleidooi.

Soon Buck's feet grew hard, and the shoes could be discarded.
Gou het Buck se voete hard geword, en die skoene kon weggegooi word.

At Pelly, during harness time, Dolly let out a dreadful howl.
By Pelly, gedurende die tuigtyd, het Dolly 'n verskriklike gehuil uitgestoot.

The cry was long and filled with madness, shaking every dog.
Die gehuil was lank en gevul met waansin, en het elke hond geskud.

Each dog bristled in fear without knowing the reason.
Elke hond het van vrees geskrik sonder om die rede te weet.

Dolly had gone mad and hurled herself straight at Buck.
Dolly het mal geword en haarself reguit na Buck gegooi.

Buck had never seen madness, but horror filled his heart.
Buck het nog nooit waansin gesien nie, maar afgryse het sy hart gevul.

With no thought, he turned and fled in absolute panic.
Sonder enige gedagte het hy omgedraai en in absolute paniek gevlug.

Dolly chased him, her eyes wild, saliva flying from her jaws.
Dolly het hom agternagesit, haar oë wild, speeksel wat uit haar kake vlieg.

She kept right behind Buck, never gaining and never falling back.
Sy het reg agter Buck gebly, nooit gewen of teruggedeins nie.

Buck ran through woods, down the island, across jagged ice.
Buck het deur die woude gehardloop, langs die eiland af, oor gekartelde ys.

He crossed to an island, then another, circling back to the river.
Hy het na 'n eiland gegaan, toe na 'n ander, en terug na die rivier gesirkel.

Still Dolly chased him, her growl close behind at every step.

Dolly het hom steeds agternagesit, haar gegrom kort agter haar met elke tree.

Buck could hear her breath and rage, though he dared not look back.

Buck kon haar asemhaling en woede hoor, hoewel hy nie durf terugkyk nie.

François shouted from afar, and Buck turned toward the voice.

François het van ver af geskree, en Buck het na die stem gedraai.

Still gasping for air, Buck ran past, placing all hope in François.

Nog steeds snakend na asem, hardloop Buck verby en plaas alle hoop op François.

The dog-driver raised an axe and waited as Buck flew past.

Die hondebestuurder het 'n byl opgelig en gewag terwyl Buck verbyvlieg.

The axe came down fast and struck Dolly's head with deadly force.

Die byl het vinnig neergekom en Dolly se kop met dodelike krag getref.

Buck collapsed near the sled, wheezing and unable to move.

Buck het naby die slee ineengestort, hygend asemhaal en nie in staat om te beweeg nie.

That moment gave Spitz his chance to strike an exhausted foe.

Daardie oomblik het Spitz sy kans gegee om 'n uitgeputte teenstander te slaan.

Twice he bit Buck, ripping flesh down to the white bone.

Twee keer het hy Buck gebyt en vleis tot op die wit been afgeskeur.

François's whip cracked, striking Spitz with full, furious force.

François se sweep het gekraak en Spitz met volle, woedende krag getref.

Buck watched with joy as Spitz received his harshest beating yet.

Buck het met vreugde gekyk hoe Spitz sy ergste pak slae tot nog toe ontvang het.

"He's a devil, that Spitz," Perrault muttered darkly to himself.

"Hy's 'n duiwel, daardie Spitz," het Perrault donker vir homself gemompel.

"Someday soon, that cursed dog will kill Buck—I swear it."

"Eendag binnekort sal daardie vervloekte hond Buck doodmaak—ek sweer dit."

"That Buck has two devils in him," François replied with a nod.

"Daardie Buck het twee duiwels in hom," antwoord François met 'n knik.

"When I watch Buck, I know something fierce waits in him."

"Wanneer ek vir Buck kyk, weet ek iets fels wag in hom."

"One day, he'll get mad as fire and tear Spitz to pieces."

"Eendag sal hy woedend word en Spitz aan stukke skeur."

"He'll chew that dog up and spit him on the frozen snow."

"Hy sal daardie hond opkou en hom op die bevrore sneeu spoeg."

"Sure as anything, I know this deep in my bones."

"So seker as enigiets, ek weet dit diep in my bene."

From that moment forward, the two dogs were locked in war.

Van daardie oomblik af was die twee honde in 'n oorlog gewikkel.

Spitz led the team and held power, but Buck challenged that.

Spitz het die span gelei en mag behou, maar Buck het dit betwis.

Spitz saw his rank threatened by this odd Southland stranger.

Spitz het gesien hoe sy rang bedreig word deur hierdie vreemde Suidland-vreemdeling.

Buck was unlike any southern dog Spitz had known before.

Buck was anders as enige suidelike hond wat Spitz voorheen geken het.

Most of them failed—too weak to live through cold and hunger.
Die meeste van hulle het misluk—te swak om deur koue en honger te oorleef.
They died fast under labor, frost, and the slow burn of famine.
Hulle het vinnig gesterf onder arbeid, ryp en die stadige brand van hongersnood.
Buck stood apart—stronger, smarter, and more savage each day.
Buck het uitsonderlik gestaan—sterker, slimmer en meer barbaars elke dag.
He thrived on hardship, growing to match the northern huskies.
Hy het op ontbering gefloreer en gegroei om by die noordelike huskies te pas.
Buck had strength, wild skill, and a patient, deadly instinct.
Buck het krag, wilde vaardigheid en 'n geduldige, dodelike instink gehad.
The man with the club had beaten rashness out of Buck.
Die man met die knuppel het Buck se onbesonnenheid uitgeslaan.
Blind fury was gone, replaced by quiet cunning and control.
Blinde woede was weg, vervang deur stille listigheid en beheer.
He waited, calm and primal, watching for the right moment.
Hy het gewag, kalm en oer, en uitgesien na die regte oomblik.
Their fight for command became unavoidable and clear.
Hul stryd om bevel het onvermydelik en duidelik geword.
Buck desired leadership because his spirit demanded it.
Buck het leierskap begeer omdat sy gees dit vereis het.
He was driven by the strange pride born of trail and harness.
Hy is gedryf deur die vreemde trots wat gebore is uit roete en harnas.
That pride made dogs pull till they collapsed on the snow.
Daardie trots het honde laat trek totdat hulle op die sneeu ineengestort het.

Pride lured them into giving all the strength they had.
Trots het hulle gelok om al die krag wat hulle gehad het te gee.
Pride can lure a sled-dog even to the point of death.
Trots kan 'n sleehond selfs tot die punt van die dood lok.
Losing the harness left dogs broken and without purpose.
Om die harnas te verloor, het honde gebroke en sonder doel gelaat.
The heart of a sled-dog can be crushed by shame when they retire.
Die hart van 'n sleehond kan deur skaamte verpletter word wanneer hulle aftree.
Dave lived by that pride as he dragged the sled from behind.
Dave het volgens daardie trots geleef terwyl hy die slee van agter af gesleep het.
Solleks, too, gave his all with grim strength and loyalty.
Solleks het ook sy alles gegee met grimmige krag en lojaliteit.
Each morning, pride turned them from bitter to determined.
Elke oggend het trots hulle van bitter na vasberade verander.
They pushed all day, then dropped silent at the camp's end.
Hulle het die hele dag gedruk, toe stil geword aan die einde van die kamp.
That pride gave Spitz the strength to beat shirkers into line.
Daardie trots het Spitz die krag gegee om ontduikers in die lyn te klop.
Spitz feared Buck because Buck carried that same deep pride.
Spitz het Buck gevrees omdat Buck dieselfde diep trots gedra het.
Buck's pride now stirred against Spitz, and he did not stop.
Buck se trots het nou teen Spitz geroer, en hy het nie opgehou nie.
Buck defied Spitz's power and blocked him from punishing dogs.
Buck het Spitz se mag getrotseer en hom verhoed om honde te straf.

When others failed, Buck stepped between them and their leader.
Toe ander misluk het, het Buck tussen hulle en hul leier getree.
He did this with intent, making his challenge open and clear.
Hy het dit met opset gedoen en sy uitdaging oop en duidelik gemaak.
On one night heavy snow blanketed the world in deep silence.
Een nag het swaar sneeu die wêreld in diepe stilte toegemaak.
The next morning, Pike, lazy as ever, did not rise for work.
Die volgende oggend het Pike, lui soos altyd, nie opgestaan vir werk nie.
He stayed hidden in his nest beneath a thick layer of snow.
Hy het in sy nes onder 'n dik laag sneeu weggesteek gebly.
François called out and searched, but could not find the dog.
François het geroep en gesoek, maar kon die hond nie vind nie.
Spitz grew furious and stormed through the snow-covered camp.
Spitz het woedend geword en deur die sneeubedekte kamp gestorm.
He growled and sniffed, digging madly with blazing eyes.
Hy het gegrom en gesnuif, terwyl hy woes met brandende oë gegrawe het.
His rage was so fierce that Pike shook under the snow in fear.
Sy woede was so fel dat Pike onder die sneeu van vrees gebewe het.
When Pike was finally found, Spitz lunged to punish the hiding dog.
Toe Pike uiteindelik gevind is, het Spitz gespring om die wegkruipende hond te straf.
But Buck sprang between them with a fury equal to Spitz's own.
Maar Buck het tussen hulle gespring met 'n woede gelykstaande aan Spitz s'n.

The attack was so sudden and clever that Spitz fell off his feet.
Die aanval was so skielik en slim dat Spitz van sy voete af geval het.

Pike, who had been shaking, took courage from this defiance.
Pike, wat gebewe het, het moed geput uit hierdie verset.

He leapt on the fallen Spitz, following Buck's bold example.
Hy het op die gevalle Spitz gespring, en Buck se dapper voorbeeld gevolg.

Buck, no longer bound by fairness, joined the strike on Spitz.
Buck, nie meer gebonde aan billikheid nie, het by die staking op Spitz aangesluit.

François, amused yet firm in discipline, swung his heavy lash.
François, geamuseerd maar ferm in dissipline, het sy swaar hou geswaai.

He struck Buck with all his strength to break up the fight.
Hy het Buck met al sy krag geslaan om die geveg te beëindig.

Buck refused to move and stayed atop the fallen leader.
Buck het geweier om te beweeg en het bo-op die gevalle leier gebly.

François then used the whip's handle, hitting Buck hard.
François het toe die sweep se handvatsel gebruik en Buck hard geslaan.

Staggering from the blow, Buck fell back under the assault.
Buck het gewankel van die slag en teruggeval onder die aanval.

François struck again and again while Spitz punished Pike.
François het oor en oor toegeslaan terwyl Spitz vir Pike gestraf het.

Days passed, and Dawson City grew nearer and nearer.
Dae het verbygegaan, en Dawson City het al hoe nader gekom.

Buck kept interfering, slipping between Spitz and other dogs.
Buck het aanhou inmeng en tussen Spitz en ander honde ingeglip.
He chose his moments well, always waiting for François to leave.
Hy het sy oomblikke goed gekies en altyd gewag vir François om te vertrek.
Buck's quiet rebellion spread, and disorder took root in the team.
Buck se stil rebellie het versprei, en wanorde het in die span wortel geskiet.
Dave and Solleks stayed loyal, but others grew unruly.
Dave en Solleks het lojaal gebly, maar ander het oproerig geword.
The team grew worse—restless, quarrelsome, and out of line.
Die span het erger geword—rusteloos, twisgierig en uit lyn.
Nothing worked smoothly anymore, and fights became common.
Niks het meer vlot gewerk nie, en bakleiery het algemeen geword.
Buck stayed at the heart of the trouble, always provoking unrest.
Buck het in die kern van die moeilikheid gebly en altyd onrus veroorsaak.
François stayed alert, afraid of the fight between Buck and Spitz.
François het waaksaam gebly, bang vir die geveg tussen Buck en Spitz.
Each night, scuffles woke him, fearing the beginning finally arrived.
Elke nag het gevegte hom wakker gemaak, uit vrees dat die begin uiteindelik aangebreek het.
He leapt from his robe, ready to break up the fight.
Hy het uit sy kleed gespring, gereed om die geveg te beëindig.

But the moment never came, and they reached Dawson at last.
Maar die oomblik het nooit aangebreek nie, en hulle het uiteindelik Dawson bereik.
The team entered the town one bleak afternoon, tense and quiet.
Die span het een somber middag die dorp binnegekom, gespanne en stil.
The great battle for leadership still hung in the frozen air.
Die groot stryd om leierskap het steeds in die yskoue lug gehang.
Dawson was full of men and sled-dogs, all busy with work.
Dawson was vol mans en sleehonde, almal besig met werk.
Buck watched the dogs pull loads from morning until night.
Buck het die honde van die oggend tot die aand dopgehou terwyl hulle vragte trek.
They hauled logs and firewood, freighted supplies to the mines.
Hulle het stompe en brandhout vervoer en voorrade na die myne vervoer.
Where horses once worked in the Southland, dogs now labored.
Waar perde eens in die Suidland gewerk het, het honde nou gewerk.
Buck saw some dogs from the South, but most were wolf-like huskies.
Buck het 'n paar honde van die Suide gesien, maar die meeste was wolfagtige husky's.
At night, like clockwork, the dogs raised their voices in song.
Snags, soos klokslag, het die honde hul stemme in lied verhef.
At nine, at midnight, and again at three, the singing began.
Om nege, om middernag, en weer om drie, het die sang begin.
Buck loved joining their eerie chant, wild and ancient in sound.
Buck het dit baie geniet om by hulle grillerige gesang aan te sluit, wild en oud in klank.

The aurora flamed, stars danced, and snow blanketed the land.
Die aurora het gevlam, sterre het gedans, en sneeu het die land bedek.
The dogs' song rose as a cry against silence and bitter cold.
Die honde se lied het as 'n kreet teen stilte en bittere koue opgeklink.
But their howl held sorrow, not defiance, in every long note.
Maar hulle gehuil het hartseer, nie uitdaging nie, in elke lang noot bevat.
Each wailing cry was full of pleading; the burden of life itself.
Elke weeklag was vol smeekbede; die las van die lewe self.
That song was old — older than towns, and older than fires
Daardie liedjie was oud — ouer as dorpe, en ouer as vure
That song was more ancient even than the voices of men.
Daardie lied was selfs ouer as die stemme van mense.
It was a song from the young world, when all songs were sad.
Dit was 'n liedjie uit die jong wêreld, toe alle liedjies hartseer was.
The song carried sorrow from countless generations of dogs.
Die liedjie het hartseer van tallose geslagte honde gedra.
Buck felt the melody deeply, moaning from pain rooted in the ages.
Buck het die melodie diep gevoel, gekreun van pyn wat in die eeue gewortel is.
He sobbed from a grief as old as the wild blood in his veins.
Hy het gehuil van 'n hartseer so oud soos die wilde bloed in sy are.
The cold, the dark, and the mystery touched Buck's soul.
Die koue, die donker en die misterie het Buck se siel geraak.
That song proved how far Buck had returned to his origins.
Daardie liedjie het bewys hoe ver Buck na sy oorsprong teruggekeer het.
Through snow and howling he had found the start of his own life.

Deur sneeu en gehuil het hy die begin van sy eie lewe gevind.

Seven days after arriving in Dawson, they set off once again.
Sewe dae nadat hulle in Dawson aangekom het, het hulle weer vertrek.
The team dropped from the Barracks down to the Yukon Trail.
Die span het van die Barakke af na die Yukon-roete geval.
They began the journey back toward Dyea and Salt Water.
Hulle het die reis terug na Dyea en Saltwater begin.
Perrault carried dispatches even more urgent than before.
Perrault het selfs dringender as voorheen berigte oorgedra.
He was also seized by trail pride and aimed to set a record.
Hy is ook deur roete-trots beetgepak en het daarop gemik om 'n rekord op te stel.
This time, several advantages were on Perrault's side.
Hierdie keer was verskeie voordele aan Perrault se kant.
The dogs had rested for a full week and regained their strength.
Die honde het vir 'n volle week gerus en hul krag herwin.
The trail they had broken was now hard-packed by others.
Die spoor wat hulle gebreek het, was nou deur ander hard gepak.
In places, police had stored food for dogs and men alike.
Op plekke het die polisie kos vir honde en mans gestoor.
Perrault traveled light, moving fast with little to weigh him down.
Perrault het lig gereis, vinnig beweeg met min om hom af te weeg.
They reached Sixty-Mile, a fifty-mile run, by the first night.
Hulle het Sixty-Mile, 'n hardloop van vyftig myl, teen die eerste nag bereik.
On the second day, they rushed up the Yukon toward Pelly.
Op die tweede dag het hulle die Yukon-rivier opgevaar na Pelly.
But such fine progress came with much strain for François.

Maar sulke goeie vordering het met baie stres vir François gepaard gegaan.

Buck's quiet rebellion had shattered the team's discipline.
Buck se stil rebellie het die span se dissipline verpletter.

They no longer pulled together like one beast in the reins.
Hulle het nie meer soos een dier in die leisels saamgetrek nie.

Buck had led others into defiance through his bold example.
Buck het ander deur sy dapper voorbeeld tot verset gelei.

Spitz's command was no longer met with fear or respect.
Spitz se bevel is nie meer met vrees of respek begroet nie.

The others lost their awe of him and dared to resist his rule.
Die ander het hul ontsag vir hom verloor en het dit gewaag om sy heerskappy te weerstaan.

One night, Pike stole half a fish and ate it under Buck's eye.
Eendag het Pike 'n halwe vis gesteel en dit onder Buck se oog geëet.

Another night, Dub and Joe fought Spitz and went unpunished.
Nog 'n aand het Dub en Joe teen Spitz geveg en ongestraf gebly.

Even Billee whined less sweetly and showed new sharpness.
Selfs Billee het minder soet gekerm en nuwe skerpte getoon.

Buck snarled at Spitz every time they crossed paths.
Buck het elke keer vir Spitz gegrom as hulle paaie gekruis het.

Buck's attitude grew bold and threatening, nearly like a bully.
Buck se houding het vermetel en dreigend geword, amper soos 'n boelie.

He paced before Spitz with a swagger, full of mocking menace.
Hy het voor Spitz uit gestap met 'n bravade, vol spottende dreigement.

That collapse of order also spread among the sled-dogs.
Daardie ineenstorting van orde het ook onder die sleehonde versprei.

They fought and argued more than ever, filling camp with noise.

Hulle het meer as ooit tevore baklei en gestry, en die kamp met geraas gevul.
Camp life turned into a wild, howling chaos each night.
Die kamplewe het elke nag in 'n wilde, huilende chaos verander.
Only Dave and Solleks remained steady and focused.
Net Dave en Solleks het standvastig en gefokus gebly.
But even they became short-tempered from the constant brawls.
Maar selfs hulle het kortaf geword van die voortdurende bakleiery.
François cursed in strange tongues and stomped in frustration.
François het in vreemde tale gevloek en gefrustreerd getrap.
He tore at his hair and shouted while snow flew underfoot.
Hy het aan sy hare geruk en geskree terwyl sneeu onder sy voete gevlieg het.
His whip snapped across the pack but barely kept them in line.
Sy sweep het oor die trop geslaan, maar hulle skaars in lyn gehou.
Whenever his back was turned, the fighting broke out again.
Elke keer as hy die rug gedraai het, het die geveg weer uitgebreek.
François used the lash for Spitz, while Buck led the rebels.
François het die sweep vir Spitz gebruik, terwyl Buck die rebelle gelei het.
Each knew the other's role, but Buck avoided any blame.
Elkeen het die ander se rol geken, maar Buck het enige blaam vermy.
François never caught Buck starting a fight or shirking his job.
François het Buck nooit betrap terwyl hy 'n bakleiery begin of sy werk ontduik nie.
Buck worked hard in harness — the toil now thrilled his spirit.

Buck het hard in die harnas gewerk—die arbeid het nou sy gees opgewonde gemaak.

But he found even more joy in stirring fights and chaos in camp.

Maar hy het selfs meer vreugde gevind in die aanwakkering van gevegte en chaos in die kamp.

At the Tahkeena's mouth one evening, Dub startled a rabbit.

Een aand by die Tahkeena se bek het Dub 'n konyn laat skrik.

He missed the catch, and the snowshoe rabbit sprang away.

Hy het die vangs gemis, en die sneeuskoenkonyn het weggespring.

In seconds, the entire sled team gave chase with wild cries.

Binne sekondes het die hele sleespan met wilde geskreeu agternagesit.

Nearby, a Northwest Police camp housed fifty husky dogs.

Nabygeleë het 'n Noordwes-polisiekamp vyftig huskyhonde gehuisves.

They joined the hunt, surging down the frozen river together.

Hulle het by die jagtog aangesluit en saam die bevrore rivier afgestorm.

The rabbit turned off the river, fleeing up a frozen creek bed.

Die konyn het van die rivier afgedraai en in 'n bevrore spruitbedding opgevlug.

The rabbit skipped lightly over snow while the dogs struggled through.

Die haas het liggies oor die sneeu gespring terwyl die honde deurgesukkel het.

Buck led the massive pack of sixty dogs around each twisting bend.

Buck het die massiewe trop van sestig honde om elke kronkelende draai gelei.

He pushed forward, low and eager, but could not gain ground.

Hy het vorentoe gedruk, laag en gretig, maar kon nie grond wen nie.

His body flashed under the pale moon with each powerful leap.

Sy liggaam het met elke kragtige sprong onder die bleek maan geflits.

Ahead, the rabbit moved like a ghost, silent and too fast to catch.

Vooruit het die haas soos 'n spook beweeg, stil en te vinnig om te vang.

All those old instincts—the hunger, the thrill—rushed through Buck.

Al daardie ou instinkte—die honger, die opwinding—het deur Buck gejaag.

Humans feel this instinct at times, driven to hunt with gun and bullet.

Mense voel hierdie instink soms, gedryf om met geweer en koeël te jag.

But Buck felt this feeling on a deeper and more personal level.

Maar Buck het hierdie gevoel op 'n dieper en meer persoonlike vlak gevoel.

They could not feel the wild in their blood the way Buck could feel it.

Hulle kon nie die wildernis in hul bloed voel soos Buck dit kon voel nie.

He chased living meat, ready to kill with his teeth and taste blood.

Hy het lewende vleis gejaag, gereed om met sy tande dood te maak en bloed te proe.

His body strained with joy, wanting to bathe in warm red life.

Sy liggaam het gespanne geword van vreugde, en wou in warm rooi lewe bad.

A strange joy marks the highest point life can ever reach.

'n Vreemde vreugde merk die hoogste punt wat die lewe ooit kan bereik.

The feeling of a peak where the living forget they are even alive.
Die gevoel van 'n piek waar die lewendes vergeet dat hulle selfs leef.
This deep joy touches the artist lost in blazing inspiration.
Hierdie diepe vreugde raak die kunstenaar verlore in brandende inspirasie.
This joy seizes the soldier who fights wildly and spares no foe.
Hierdie vreugde gryp die soldaat aan wat wild veg en geen vyand spaar nie.
This joy now claimed Buck as he led the pack in primal hunger.
Hierdie vreugde het Buck nou geëis terwyl hy die trop in oerhonger gelei het.
He howled with the ancient wolf-cry, thrilled by the living chase.
Hy het gehuil met die oeroue wolfskreet, opgewonde deur die lewende jaagtog.
Buck tapped into the oldest part of himself, lost in the wild.
Buck het die oudste deel van homself aangeraak, verlore in die wildernis.
He reached deep within, past memory, into raw, ancient time.
Hy het diep binne hom, verby geheue, in rou, antieke tyd gereik.
A wave of pure life surged through every muscle and tendon.
'n Golf van suiwer lewe het deur elke spier en pees gestroom.
Each leap shouted that he lived, that he moved through death.
Elke sprong het geskreeu dat hy geleef het, dat hy deur die dood beweeg het.
His body soared joyfully over still, cold land that never stirred.
Sy liggaam het vreugdevol oor stil, koue land gesweef wat nooit geroer het nie.

Spitz stayed cold and cunning, even in his wildest moments.
Spitz het koud en listig gebly, selfs in sy wildste oomblikke.
He left the trail and crossed land where the creek curved wide.
Hy het die roete verlaat en land oorgesteek waar die spruit wyd gebuig het.
Buck, unaware of this, stayed on the rabbit's winding path.
Buck, onbewus hiervan, het op die konyn se kronkelende pad gebly.
Then, as Buck rounded a bend, the ghost-like rabbit was before him.
Toe, toe Buck om 'n draai kom, was die spookagtige konyn voor hom.
He saw a second figure leap from the bank ahead of the prey.
Hy het 'n tweede figuur van die wal af sien spring voor die prooi uit.
The figure was Spitz, landing right in the path of the fleeing rabbit.
Die figuur was Spitz, wat reg in die pad van die vlugtende konyn beland het.
The rabbit could not turn and met Spitz's jaws in mid-air.
Die konyn kon nie omdraai nie en het Spitz se kake in die lug teëgekom.
The rabbit's spine broke with a shriek as sharp as a dying human's cry.
Die konyn se ruggraat het gebreek met 'n gil so skerp soos 'n sterwende mens se gehuil.
At that sound—the fall from life to death—the pack howled loud.
By daardie geluid—die val van lewe na dood—het die trop hard gehuil.
A savage chorus rose from behind Buck, full of dark delight.
'n Wrede koor het agter Buck opgestaan, vol donker vreugde.
Buck gave no cry, no sound, and charged straight into Spitz.
Buck het geen gehuil, geen geluid gemaak nie, en reguit op Spitz ingestorm.

He aimed for the throat, but struck the shoulder instead.
Hy het na die keel gemik, maar eerder die skouer getref.
They tumbled through soft snow; their bodies locked in combat.
Hulle het deur sagte sneeu getuimel; hul liggame in geveg vasgevang.
Spitz sprang up quickly, as if never knocked down at all.
Spitz het vinnig opgespring, asof hy glad nie neergeslaan is nie.
He slashed Buck's shoulder, then leaped clear of the fight.
Hy het Buck se skouer gesny en toe uit die geveg gespring.
Twice his teeth snapped like steel traps, lips curled and fierce.
Twee keer het sy tande soos staalvalle geknak, lippe gekrul en fel.
He backed away slowly, seeking firm ground under his feet.
Hy het stadig teruggedeins, op soek na vaste grond onder sy voete.
Buck understood the moment instantly and fully.
Buck het die oomblik onmiddellik en ten volle verstaan.
The time had come; the fight was going to be a fight to the death.
Die tyd het aangebreek; die geveg sou 'n geveg tot die dood wees.
The two dogs circled, growling, ears flat, eyes narrowed.
Die twee honde het in 'n sirkel geloop, gegrom, ore plat, oë vernou.
Each dog waited for the other to show weakness or misstep.
Elke hond het gewag vir die ander om swakheid of misstap te toon.
To Buck, the scene felt eerily known and deeply remembered.
Vir Buck het die toneel vreemd bekend en diep onthou gevoel.
The white woods, the cold earth, the battle under moonlight.
Die wit woude, die koue aarde, die geveg onder maanlig.
A heavy silence filled the land, deep and unnatural.
'n Swaar stilte het die land gevul, diep en onnatuurlik.

No wind stirred, no leaf moved, no sound broke the stillness.
Geen wind het geroer, geen blaar het beweeg, geen geluid het die stilte verbreek nie.
The dogs' breaths rose like smoke in the frozen, quiet air.
Die honde se asems het soos rook in die bevrore, stil lug opgestyg.
The rabbit was long forgotten by the pack of wild beasts.
Die konyn is lankal deur die trop wilde diere vergeet.
These half-tamed wolves now stood still in a wide circle.
Hierdie halfgetemde wolwe het nou stilgestaan in 'n wye sirkel.
They were quiet, only their glowing eyes revealed their hunger.
Hulle was stil, net hul gloeiende oë het hul honger verklap.
Their breath drifted upward, watching the final fight begin.
Hul asem het opwaarts gedryf, terwyl hulle die laaste geveg sien begin.
To Buck, this battle was old and expected, not strange at all.
Vir Buck was hierdie geveg oud en verwag, glad nie vreemd nie.
It felt like a memory of something always meant to happen.
Dit het gevoel soos 'n herinnering aan iets wat altyd bestem was om te gebeur.
Spitz was a trained fighting dog, honed by countless wild brawls.
Spitz was 'n opgeleide veghond, geslyp deur tallose wilde bakleiery.
From Spitzbergen to Canada, he had mastered many foes.
Van Spitsbergen tot Kanada het hy baie vyande bemeester.
He was filled with fury, but never gave control to rage.
Hy was vol woede, maar het nooit beheer oor sy woede gegee nie.
His passion was sharp, but always tempered by hard instinct.
Sy passie was skerp, maar altyd getemper deur harde instink.
He never attacked until his own defense was in place.

Hy het nooit aangeval totdat sy eie verdediging in plek was nie.

Buck tried again and again to reach Spitz's vulnerable neck.
Buck het oor en oor probeer om Spitz se kwesbare nek te bereik.

But every strike was met by a slash from Spitz's sharp teeth.
Maar elke hou is begroet met 'n hou van Spitz se skerp tande.

Their fangs clashed, and both dogs bled from torn lips.
Hul slagtande het gebots, en albei honde het uit geskeurde lippe gebloei.

No matter how Buck lunged, he couldn't break the defense.
Maak nie saak hoe Buck gelung het nie, hy kon nie die verdediging breek nie.

He grew more furious, rushing in with wild bursts of power.
Hy het al woedender geword en met wilde magsuitbarstings ingestorm.

Again and again, Buck struck for the white throat of Spitz.
Keer op keer het Buck vir Spitz se wit keel geslaan.

Each time Spitz evaded and struck back with a slicing bite.
Elke keer het Spitz ontwyk en met 'n snydende byt teruggeslaan.

Then Buck shifted tactics, rushing as if for the throat again.
Toe verander Buck van taktiek en storm weer asof hy vir die keel wil mik.

But he pulled back mid-attack, turning to strike from the side.
Maar hy het midde-aanval teruggetrek en van die kant af geslaan.

He threw his shoulder into Spitz, aiming to knock him down.
Hy het sy skouer in Spitz gegooi, met die doel om hom neer te gooi.

Each time he tried, Spitz dodged and countered with a slash.
Elke keer as hy probeer het, het Spitz ontwyk en met 'n hou teruggekeer.

Buck's shoulder grew raw as Spitz leapt clear after every hit.

Buck se skouer het rou geword toe Spitz ná elke hou wegspring.

Spitz had not been touched, while Buck bled from many wounds.

Spitz is nie aangeraak nie, terwyl Buck uit baie wonde gebloei het.

Buck's breath came fast and heavy, his body slick with blood.

Buck se asemhaling het vinnig en swaar gekom, sy liggaam glad van die bloed.

The fight turned more brutal with each bite and charge.

Die geveg het met elke byt en aanval meer brutaal geword.

Around them, sixty silent dogs waited for the first to fall.

Rondom hulle het sestig stil honde gewag vir die eerstes om te val.

If one dog dropped, the pack were going to finish the fight.

As een hond sou val, sou die trop die geveg voltooi.

Spitz saw Buck weakening, and began to press the attack.

Spitz het gesien hoe Buck verswak en het die aanval begin afdwing.

He kept Buck off balance, forcing him to fight for footing.

Hy het Buck van balans af gehou, wat hom gedwing het om vir balans te veg.

Once Buck stumbled and fell, and all the dogs rose up.

Eenkeer het Buck gestruikel en geval, en al die honde het opgestaan.

But Buck righted himself mid-fall, and everyone sank back down.

Maar Buck het homself midde-in die val regop gemaak, en almal het weer ineengesak.

Buck had something rare—imagination born from deep instinct.

Buck het iets skaars gehad—verbeelding gebore uit diep instink.

He fought by natural drive, but he also fought with cunning.

Hy het met natuurlike dryfkrag geveg, maar hy het ook met listigheid geveg.

He charged again as if repeating his shoulder attack trick.
Hy het weer aangeval asof hy sy skoueraanval-truuk herhaal het.

But at the last second, he dropped low and swept beneath Spitz.
Maar op die laaste oomblik het hy laag geval en onder Spitz deurgevee.

His teeth locked on Spitz's front left leg with a snap.
Sy tande het met 'n klap aan Spitz se voorste linkerbeen vasgehaak.

Spitz now stood unsteady, his weight on only three legs.
Spitz het nou onvas gestaan, sy gewig op slegs drie bene.

Buck struck again, tried three times to bring him down.
Buck het weer toegeslaan en drie keer probeer om hom neer te bring.

On the fourth attempt he used the same move with success
Met die vierde poging het hy dieselfde beweging met sukses gebruik.

This time Buck managed to bite the right leg of Spitz.
Hierdie keer het Buck daarin geslaag om Spitz se regterbeen te byt.

Spitz, though crippled and in agony, kept struggling to survive.
Spitz, hoewel kreupel en in pyn, het aangehou sukkel om te oorleef.

He saw the circle of huskies tighten, tongues out, eyes glowing.
Hy het gesien hoe die kring van husky's saamtrek, tonge uit, oë gloei.

They waited to devour him, just as they had done to others.
Hulle het gewag om hom te verslind, net soos hulle met ander gedoen het.

This time, he stood in the center; defeated and doomed.
Hierdie keer het hy in die middel gestaan; verslaan en verdoem.

There was no option to escape for the white dog now.

Daar was nou geen ander manier om te ontsnap vir die wit hond nie.

Buck showed no mercy, for mercy did not belong in the wild.

Buck het geen genade betoon nie, want genade het nie in die wildernis hoort nie.

Buck moved carefully, setting up for the final charge.

Buck het versigtig beweeg en gereed gemaak vir die laaste aanval.

The circle of huskies closed in; he felt their warm breaths.

Die kring van husky's het toegemaak; hy het hul warm asemhalings gevoel.

They crouched low, prepared to spring when the moment came.

Hulle het laag gehurk, gereed om te spring wanneer die oomblik aanbreek.

Spitz quivered in the snow, snarling and shifting his stance.

Spitz het in die sneeu gebewe, gegrom en sy posisie verskuif.

His eyes glared, lips curled, teeth flashing in desperate threat.

Sy oë het gegloei, lippe opgetrek, tande het geflikker in desperate dreiging.

He staggered, still trying to hold off the cold bite of death.

Hy het gestruikel, steeds probeer om die koue byt van die dood af te weer.

He had seen this before, but always from the winning side.

Hy het dit al voorheen gesien, maar altyd van die wenkant af.

Now he was on the losing side; the defeated; the prey; death.

Nou was hy aan die verloorkant; die verslane; die prooi; die dood.

Buck circled for the final blow, the ring of dogs pressed closer.

Buck het in 'n sirkel gedraai vir die finale hou, die kring honde het nader gedruk.

He could feel their hot breaths; ready for the kill.

Hy kon hulle warm asemteue voel; gereed vir die doodmaak.

A stillness fell; all was in its place; time had stopped.

'n Stilte het neergesak; alles was op sy plek; tyd het stilgestaan.
Even the cold air between them froze for one last moment.
Selfs die koue lug tussen hulle het vir 'n laaste oomblik gevries.
Only Spitz moved, trying to hold off his bitter end.
Net Spitz het beweeg en probeer om sy bitter einde af te weer.
The circle of dogs was closing in around him, as was his destiny.
Die kring van honde het om hom gesluit, soos sy bestemming was.
He was desperate now, knowing what was about to happen.
Hy was nou desperaat, wetende wat op die punt staan om te gebeur.
Buck sprang in, shoulder met shoulder one last time.
Buck spring ingespring, skouer teen skouer vir die laaste keer.
The dogs surged forward, covering Spitz in the snowy dark.
Die honde het vorentoe gestorm en Spitz in die sneeudonker bedek.
Buck watched, standing tall; the victor in a savage world.
Buck het gekyk, regop staande; die oorwinnaar in 'n barbaarse wêreld.
The dominant primordial beast had made its kill, and it was good.
Die dominante oerdier het sy slagting gemaak, en dit was goed.

He, Who Has Won to Mastership
Hy, wat Meesterskap gewen het

"Eh? What did I say? I speak true when I say Buck is a devil."
"Eh? Wat het ek gesê? Ek praat die waarheid as ek sê Buck is 'n duiwel."
François said this the next morning after finding Spitz missing.
François het dit die volgende oggend gesê nadat hy Spitz as vermis gevind het.
Buck stood there, covered with wounds from the vicious fight.
Buck het daar gestaan, bedek met wonde van die wrede geveg.
François pulled Buck near the fire and pointed at the injuries.
François het Buck naby die vuur getrek en na die beserings gewys.
"That Spitz fought like the Devik," said Perrault, eyeing the deep gashes.
"Daardie Spitz het soos die Devik geveg," het Perrault gesê terwyl hy die diep snye dopgehou het.
"And that Buck fought like two devils," François replied at once.
"En daardie Buck het soos twee duiwels geveg," het François dadelik geantwoord.
"Now we will make good time; no more Spitz, no more trouble."
"Nou sal ons goeie tyd maak; geen Spitz meer nie, geen moeilikheid meer nie."
Perrault was packing the gear and loaded the sled with care.
Perrault was besig om die toerusting te pak en die slee met sorg te laai.
François harnessed the dogs in preparation for the day's run.
François het die honde ingespan ter voorbereiding vir die dag se hardloop.

Buck trotted straight to the lead position once held by Spitz.
Buck draf reguit na die voorste posisie wat eens deur Spitz gehou is.
But François, not noticing, led Solleks forward to the front.
Maar François, wat dit nie opgemerk het nie, het Solleks vorentoe na die front gelei.
In François's judgment, Solleks was now the best lead-dog.
Volgens François se oordeel was Solleks nou die beste leidhond.
Buck sprang at Solleks in fury and drove him back in protest.
Buck het woedend op Solleks gespring en hom uit protes teruggedryf.
He stood where Spitz once had stood, claiming the lead position.
Hy het gestaan waar Spitz eens gestaan het en die voorste posisie opgeëis.
"Eh? Eh?" cried François, slapping his thighs in amusement.
"Eh? Eh?" roep François uit en klap sy dye geamuseerd.
"Look at Buck—he killed Spitz, now he wants to take the job!"
"Kyk na Buck—hy het Spitz doodgemaak, nou wil hy die werk vat!"
"Go away, Chook!" he shouted, trying to drive Buck away.
"Gaan weg, Chook!" het hy geskree en probeer om Buck weg te jaag.
But Buck refused to move and stood firm in the snow.
Maar Buck het geweier om te beweeg en het ferm in die sneeu gestaan.
François grabbed Buck by the scruff, dragging him aside.
François het Buck aan die nek gegryp en hom eenkant toe gesleep.
Buck growled low and threateningly but did not attack.
Buck het laag en dreigend gegrom, maar nie aangeval nie.
François put Solleks back in the lead, trying to settle the dispute

François het Solleks weer in die voortou geplaas en probeer om die dispuut te besleg.
The old dog showed fear of Buck and didn't want to stay.
Die ou hond het vrees vir Buck getoon en wou nie bly nie.
When François turned his back, Buck drove Solleks out again.
Toe François sy rug draai, het Buck Solleks weer uitgedryf.
Solleks did not resist and quietly stepped aside once more.
Solleks het nie weerstand gebied nie en het weer stilweg opsy getree.
François grew angry and shouted, "By God, I fix you!"
François het kwaad geword en geskree: "By God, ek maak jou reg!"
He came toward Buck holding a heavy club in his hand.
Hy het na Buck toe gekom met 'n swaar knuppel in sy hand.
Buck remembered the man in the red sweater well.
Buck het die man in die rooi trui goed onthou.
He retreated slowly, watching François, but growling deeply.
Hy het stadig teruggetrek, François dopgehou, maar diep gegrom.
He did not rush back, even when Solleks stood in his place.
Hy het nie teruggehaas nie, selfs toe Solleks in sy plek gestaan het.
Buck circled just beyond reach, snarling in fury and protest.
Buck het net buite bereik sirkelgeloop, woedend en protesagtig.
He kept his eyes on the club, ready to dodge if François threw.
Hy het sy oë op die knuppel gehou, gereed om te ontwyk as François gooi.
He had grown wise and wary in the ways of men with weapons.
Hy het wys en versigtig geword in die weë van manne met wapens.
François gave up and called Buck to his former place again.

François het moed opgegee en Buck weer na sy vorige plek geroep.
But Buck stepped back cautiously, refusing to obey the order.
Maar Buck het versigtig teruggetree en geweier om die bevel te gehoorsaam.
François followed, but Buck only retreated a few steps more.
François het gevolg, maar Buck het net 'n paar treë verder teruggedeins.
After some time, François threw the weapon down in frustration.
Na 'n rukkie het François die wapen in frustrasie neergegooi.
He thought Buck feared a beating and was going to come quietly.
Hy het gedink Buck was bang vir 'n pak slae en sou stilletjies kom.
But Buck wasn't avoiding punishment — he was fighting for rank.
Maar Buck het nie straf vermy nie — hy het vir rang geveg.
He had earned the lead-dog spot through a fight to the death
Hy het die leierhondposisie verdien deur 'n geveg tot die dood toe
he was not going to settle for anything less than being the leader.
Hy sou nie met enigiets minder as om die leier te wees, tevrede wees nie.

Perrault took a hand in the chase to help catch the rebellious Buck.
Perrault het 'n hand in die jaagtog geneem om die opstandige Buck te help vang.
Together, they ran him around the camp for nearly an hour.
Saam het hulle hom vir amper 'n uur om die kamp gehardloop.
They hurled clubs at him, but Buck dodged each one skillfully.

Hulle het knuppels na hom gegooi, maar Buck het elkeen vaardig ontwyk.

They cursed him, his ancestors, his descendants, and every hair on him.

Hulle het hom, sy voorouers, sy nageslag en elke haar op hom vervloek.

But Buck only snarled back and stayed just out of their reach.

Maar Buck het net teruggegrom en net buite hulle bereik gebly.

He never tried to run away but circled the camp deliberately.

Hy het nooit probeer wegvlug nie, maar het doelbewus om die kamp gegaan.

He made it clear he was going to obey once they gave him what he wanted.

Hy het dit duidelik gemaak dat hy sou gehoorsaam sodra hulle hom gegee het wat hy wou hê.

François finally sat down and scratched his head in frustration.

François het uiteindelik gaan sit en gefrustreerd aan sy kop gekrap.

Perrault checked his watch, swore, and muttered about lost time.

Perrault het op sy horlosie gekyk, gevloek en gemompel oor verlore tyd.

An hour had already passed when they should have been on the trail.

'n Uur het reeds verbygegaan toe hulle op die roete moes gewees het.

François shrugged sheepishly at the courier, who sighed in defeat.

François het skaam sy skouers opgetrek vir die koerier, wat verslae gesug het.

Then François walked to Solleks and called out to Buck once more.

Toe stap François na Solleks en roep weer eens na Buck.

Buck laughed like a dog laughs, but kept his cautious distance.
Buck het gelag soos 'n hond lag, maar sy versigtige afstand gehou.
François removed Solleks's harness and returned him to his spot.
François het Solleks se harnas verwyder en hom terug op sy plek gebring.
The sled team stood fully harnessed, with only one spot unfilled.
Die sleespan het ten volle ingespan gestaan, met slegs een plek oop.
The lead position remained empty, clearly meant for Buck alone.
Die voorste posisie het leeg gebly, duidelik bedoel vir Buck alleen.
François called again, and again Buck laughed and held his ground.
François het weer geroep, en weer het Buck gelag en sy manne gehou.
"Throw down the club," Perrault ordered without hesitation.
"Gooi die knuppel neer," het Perrault sonder aarseling beveel.
François obeyed, and Buck immediately trotted forward proudly.
François het gehoorsaam, en Buck het dadelik trots vorentoe gedraf.
He laughed triumphantly and stepped into the lead position.
Hy het triomfantlik gelag en in die voorste posisie ingetree.
François secured his traces, and the sled was broken loose.
François het sy spore verseker, en die slee is losgebreek.
Both men ran alongside as the team raced onto the river trail.
Albei mans het langs die span gehardloop terwyl hulle op die rivierpaadjie gejaag het.
François had thought highly of Buck's "two devils,"
François het Buck se "twee duiwels" hoog aangeslaan.
but he soon realized he had actually underestimated the dog.
maar hy het gou besef dat hy die hond eintlik onderskat het.

Buck quickly assumed leadership and performed with excellence.
Buck het vinnig leierskap oorgeneem en met uitnemendheid presteer.
In judgment, quick thinking, and fast action, Buck surpassed Spitz.
In oordeel, vinnige denke en vinnige optrede het Buck Spitz oortref.
François had never seen a dog equal to what Buck now displayed.
François het nog nooit 'n hond gesien wat gelykstaande was aan wat Buck nou vertoon het nie.
But Buck truly excelled in enforcing order and commanding respect.
Maar Buck het werklik uitgeblink in die handhawing van orde en die afdwing van respek.
Dave and Solleks accepted the change without concern or protest.
Dave en Solleks het die verandering sonder kommer of protes aanvaar.
They focused only on work and pulling hard in the reins.
Hulle het net op werk gefokus en hard in die leisels trek.
They cared little who led, so long as the sled kept moving.
Hulle het min omgegee wie lei, solank die slee aanhou beweeg het.
Billee, the cheerful one, could have led for all they cared.
Billee, die vrolike een, kon gelei het vir alles wat hulle omgegee het.
What mattered to them was peace and order in the ranks.
Wat vir hulle saak gemaak het, was vrede en orde in die geledere.

The rest of the team had grown unruly during Spitz's decline.
Die res van die span het onordelik geword tydens Spitz se agteruitgang.

They were shocked when Buck immediately brought them to order.
Hulle was geskok toe Buck hulle dadelik tot orde gebring het.
Pike had always been lazy and dragging his feet behind Buck.
Pike was nog altyd lui en het agter Buck gesleep.
But now was sharply disciplined by the new leadership.
Maar nou is hy skerp gedissiplineer deur die nuwe leierskap.
And he quickly learned to pull his weight in the team.
En hy het vinnig geleer om sy gewig in die span te trek.
By the end of the day, Pike worked harder than ever before.
Teen die einde van die dag het Pike harder as ooit tevore gewerk.
That night in camp, Joe, the sour dog, was finally subdued.
Daardie nag in die kamp is Joe, die suur hond, uiteindelik onderdruk.
Spitz had failed to discipline him, but Buck did not fail.
Spitz het versuim om hom te dissiplineer, maar Buck het nie gefaal nie.
Using his greater weight, Buck overwhelmed Joe in seconds.
Deur sy groter gewig te gebruik, het Buck Joe binne sekondes oorweldig.
He bit and battered Joe until he whimpered and ceased resisting.
Hy het Joe gebyt en geslaan totdat hy gekerm het en opgehou het om weerstand te bied.
The whole team improved from that moment on.
Die hele span het van daardie oomblik af verbeter.
The dogs regained their old unity and discipline.
Die honde het hul ou eenheid en dissipline herwin.
At Rink Rapids, two new native huskies, Teek and Koona, joined.
By Rink Rapids het twee nuwe inheemse huskies, Teek en Koona, aangesluit.
Buck's swift training of them astonished even François.
Buck se vinnige opleiding van hulle het selfs François verbaas.

"Never was there such a dog as that Buck!" he cried in amazement.
"Nog nooit was daar so 'n hond soos daardie Bok nie!" het hy verbaas uitgeroep.

"No, never! He's worth one thousand dollars, by God!"
"Nee, nooit! Hy is duisend dollar werd, by God!"

"Eh? What do you say, Perrault?" he asked with pride.
"Eh? Wat sê jy, Perrault?" het hy met trots gevra.

Perrault nodded in agreement and checked his notes.
Perrault het instemmend geknik en sy notas nagegaan.

We're already ahead of schedule and gaining more each day.
Ons is reeds voor op skedule en kry elke dag meer.

The trail was hard-packed and smooth, with no fresh snow.
Die roete was styf en glad, sonder vars sneeu.

The cold was steady, hovering at fifty below zero throughout.
Die koue was bestendig en het deurgaans op vyftig onder vriespunt gehang.

The men rode and ran in turns to keep warm and make time.
Die mans het beurtelings gery en gehardloop om warm te bly en tyd te maak.

The dogs ran fast with few stops, always pushing forward.
Die honde het vinnig gehardloop met min stoppe, altyd vorentoe gestoot.

The Thirty Mile River was mostly frozen and easy to travel across.
Die Dertig Myl-rivier was meestal gevries en maklik om oor te reis.

They went out in one day what had taken ten days coming in.
Hulle het in een dag uitgegaan wat tien dae geneem het om in te kom.

They made a sixty-mile dash from Lake Le Barge to White Horse.
Hulle het 'n sestig myl lange draf van Lake Le Barge na White Horse gemaak.

Across Marsh, Tagish, and Bennett Lakes they moved incredibly fast.
Oor Marsh-, Tagish- en Bennett-mere het hulle ongelooflik vinnig beweeg.
The running man towed behind the sled on a rope.
Die hardloopman het agter die slee aan 'n tou gesleep.
On the last night of week two they got to their destination.
Op die laaste aand van week twee het hulle by hul bestemming aangekom.
They had reached the top of White Pass together.
Hulle het saam die bopunt van White Pass bereik.
They dropped down to sea level with Skaguay's lights below them.
Hulle het tot seevlak gedaal met Skaguay se ligte onder hulle.
It had been a record-setting run across miles of cold wilderness.
Dit was 'n rekordbrekende lopie oor kilometers koue wildernis.
For fourteen days straight, they averaged a strong forty miles.
Vir veertien dae aaneen het hulle gemiddeld 'n stewige veertig myl afgelê.
In Skaguay, Perrault and François moved cargo through town.
In Skaguay het Perrault en François vrag deur die dorp vervoer.
They were cheered and offered many drinks by admiring crowds.
Hulle is deur bewonderende skares toegejuig en baie drankies aangebied.
Dog-busters and workers gathered around the famous dog team.
Hondejaers en werkers het rondom die bekende hondespan vergader.
Then western outlaws came to town and met violent defeat.
Toe het westerse bandiete na die dorp gekom en 'n gewelddadige nederlaag gely.

The people soon forgot the team and focused on new drama.
Die mense het gou die span vergeet en op nuwe drama gefokus.
Then came the new orders that changed everything at once.
Toe kom die nuwe bevele wat alles gelyktydig verander het.
François called Buck to him and hugged him with tearful pride.
François het Buck na hom geroep en hom met tranerige trots omhels.
That moment was the last time Buck ever saw François again.
Daardie oomblik was die laaste keer dat Buck François ooit weer gesien het.
Like many men before, both François and Perrault were gone.
Soos baie mans tevore, was beide François en Perrault weg.
A Scotch half-breed took charge of Buck and his sled dog teammates.
'n Skotse halfbloed het Buck en sy sleehondspanmaats in beheer geneem.
With a dozen other dog teams, they returned along the trail to Dawson.
Saam met 'n dosyn ander hondespanne het hulle langs die roete na Dawson teruggekeer.
It was no fast run now—just heavy toil with a heavy load each day.
Dit was nou geen vinnige lopie nie—net swaar werk met 'n swaar vrag elke dag.
This was the mail train, bringing word to gold hunters near the Pole.
Dit was die postrein wat nuus gebring het aan goudjagters naby die Pool.
Buck disliked the work but bore it well, taking pride in his effort.
Buck het die werk nie gehou nie, maar het dit goed verduur en was trots op sy poging.

Like Dave and Solleks, Buck showed devotion to every daily task.
Soos Dave en Solleks, het Buck toewyding aan elke daaglikse taak getoon.
He made sure his teammates each pulled their fair weight.
Hy het seker gemaak dat sy spanmaats elkeen hul billike gewig bygedra het.
Trail life became dull, repeated with the precision of a machine.
Die roetelewe het dof geword, herhaal met die presisie van 'n masjien.
Each day felt the same, one morning blending into the next.
Elke dag het dieselfde gevoel, die een oggend het in die volgende oorgegaan.
At the same hour, the cooks rose to build fires and prepare food.
Op dieselfde uur het die kokke opgestaan om vure te maak en kos voor te berei.
After breakfast, some left camp while others harnessed the dogs.
Na ontbyt het sommige die kamp verlaat terwyl ander die honde ingespan het.
They hit the trail before the dim warning of dawn touched the sky.
Hulle het die roete aangepak voordat die dowwe waarskuwing van die dagbreek die lug geraak het.
At night, they stopped to make camp, each man with a set duty.
In die nag het hulle gestop om kamp op te slaan, elke man met 'n vasgestelde plig.
Some pitched the tents, others cut firewood and gathered pine boughs.
Party het die tente opgeslaan, ander het brandhout gekap en dennetakke bymekaargemaak.
Water or ice was carried back to the cooks for the evening meal.
Water of ys is teruggedra na die kokke vir die aandete.

The dogs were fed, and this was the best part of the day for them.
Die honde is gevoer, en dit was die beste deel van die dag vir hulle.
After eating fish, the dogs relaxed and lounged near the fire.
Nadat hulle vis geëet het, het die honde ontspan en naby die vuur gelê.
There were a hundred other dogs in the convoy to mingle with.
Daar was 'n honderd ander honde in die konvooi om mee te meng.
Many of those dogs were fierce and quick to fight without warning.
Baie van daardie honde was fel en vinnig om sonder waarskuwing te baklei.
But after three wins, Buck mastered even the fiercest fighters.
Maar ná drie oorwinnings het Buck selfs die felste vegters bemeester.
Now when Buck growled and showed his teeth, they stepped aside.
Nou toe Buck grom en sy tande wys, het hulle opsy gestap.
Perhaps best of all, Buck loved lying near the flickering campfire.
Miskien die beste van alles was dat Buck daarvan gehou het om naby die flikkerende kampvuur te lê.
He crouched with hind legs tucked and front legs stretched ahead.
Hy het gehurk met agterpote ingetrek en voorpote vorentoe gestrek.
His head was raised as he blinked softly at the glowing flames.
Sy kop was opgelig terwyl hy saggies na die gloeiende vlamme geknipper het.
Sometimes he recalled Judge Miller's big house in Santa Clara.
Soms het hy Regter Miller se groot huis in Santa Clara onthou.

He thought of the cement pool, of Ysabel, and the pug called Toots.
Hy het aan die sementpoel gedink, aan Ysabel, en die mopshond met die naam Toots.
But more often he remembered the man with the red sweater's club.
Maar meer dikwels het hy die man met die rooi trui se knuppel onthou.
He remembered Curly's death and his fierce battle with Spitz.
Hy het Curly se dood en sy hewige stryd met Spitz onthou.
He also recalled the good food he had eaten or still dreamed of.
Hy het ook die goeie kos onthou wat hy geëet het of nog van gedroom het.
Buck was not homesick—the warm valley was distant and unreal.
Buck het nie heimwee gehad nie—die warm vallei was ver en onwerklik.
Memories of California no longer held any real pull over him.
Herinneringe aan Kalifornië het hom nie meer werklik aangetrek nie.
Stronger than memory were instincts deep in his bloodline.
Sterker as geheue was instinkte diep in sy bloedlyn.
Habits once lost had returned, revived by the trail and the wild.
Gewoontes wat eens verlore was, het teruggekeer, herleef deur die roete en die wildernis.
As Buck watched the firelight, it sometimes became something else.
Terwyl Buck na die vuurlig gekyk het, het dit soms iets anders geword.
He saw in the firelight another fire, older and deeper than the present one.
Hy het in die vuurlig 'n ander vuur gesien, ouer en dieper as die huidige een.

Beside that other fire crouched a man unlike the half-breed cook.
Langs daardie ander vuur het 'n man gehurk, anders as die halfbloedkok.
This figure had short legs, long arms, and hard, knotted muscles.
Hierdie figuur het kort bene, lang arms en harde, geknoopte spiere gehad.
His hair was long and matted, sloping backward from the eyes.
Sy hare was lank en verward, en het agteroor van die oë af gehang.
He made strange sounds and stared out in fear at the darkness.
Hy het vreemde geluide gemaak en vreesbevange na die donkerte gestaar.
He held a stone club low, gripped tightly in his long rough hand.
Hy het 'n klippenknuppel laag gehou, styf vasgegryp in sy lang growwe hand.
The man wore little; just a charred skin that hung down his back.
Die man het min aangehad; net 'n verkoolde vel wat oor sy rug gehang het.
His body was covered with thick hair across arms, chest, and thighs.
Sy lyf was bedek met dik hare oor sy arms, bors en dye.
Some parts of the hair were tangled into patches of rough fur.
Sommige dele van die hare was verstrengel in kolle growwe pels.
He did not stand straight but bent forward from the hips to knees.
Hy het nie regop gestaan nie, maar vooroor gebuig van die heupe tot die knieë.
His steps were springy and catlike, as if always ready to leap.

Sy treë was veerkragtig en katagtig, asof hy altyd gereed was om te spring.

There was a sharp alertness, like he lived in constant fear.
Daar was 'n skerp waaksaamheid, asof hy in voortdurende vrees geleef het.

This ancient man seemed to expect danger, whether the danger was seen or not.
Hierdie antieke man het blykbaar gevaar verwag, of die gevaar nou gesien is of nie.

At times the hairy man slept by the fire, head tucked between legs.
Soms het die harige man by die vuur geslaap, kop tussen sy bene ingesteek.

His elbows rested on his knees, hands clasped above his head.
Sy elmboë het op sy knieë gerus, hande bo sy kop vasgevou.

Like a dog he used his hairy arms to shed off the falling rain.
Soos 'n hond het hy sy harige arms gebruik om die vallende reën af te gooi.

Beyond the firelight, Buck saw twin coals glowing in the dark.
Verby die vuurlig het Buck twee kole in die donker sien gloei.

Always two by two, they were the eyes of stalking beasts of prey.
Altyd twee-twee, was hulle die oë van bekruipende roofdiere.

He heard bodies crash through brush and sounds made in the night.
Hy het liggame deur bosse hoor bots en geluide in die nag hoor maak.

Lying on the Yukon bank, blinking, Buck dreamed by the fire.
Terwyl hy op die Yukon-oewer gelê het, en sy oë geknip het, het Buck by die vuur gedroom.

The sights and sounds of that wild world made his hair stand up.
Die besienswaardighede en geluide van daardie wilde wêreld het sy hare laat regop staan.

The fur rose along his back, his shoulders, and up his neck.
Die pels het langs sy rug, sy skouers en teen sy nek opgerys.
He whimpered softly or gave a low growl deep in his chest.
Hy het saggies gekreun of 'n lae grom diep in sy bors gegee.
Then the half-breed cook shouted, "Hey, you Buck, wake up!"
Toe skree die halfbloedkok: "Haai, jy Buck, word wakker!"
The dream world vanished, and real life returned to Buck's eyes.
Die droomwêreld het verdwyn, en die werklike lewe het teruggekeer in Buck se oë.
He was going to get up, stretch, and yawn, as if woken from a nap.
Hy wou opstaan, strek en gaap, asof hy uit 'n middagslapie wakker gemaak is.
The trip was hard, with the mail sled dragging behind them.
Die reis was moeilik, met die posslee wat agter hulle gesleep het.
Heavy loads and tough work wore down the dogs each long day.
Swaar vragte en harde werk het die honde elke lang dag uitgeput.
They reached Dawson thin, tired, and needing over a week's rest.
Hulle het Dawson maer, moeg en met meer as 'n week se rus aangekom.
But only two days later, they set out down the Yukon again.
Maar net twee dae later het hulle weer die Yukon afgevaar.
They were loaded with more letters bound for the outside world.
Hulle was gelaai met meer briewe wat na die buitewêreld bestem was.
The dogs were exhausted and the men were complaining constantly.
Die honde was uitgeput en die mans het aanhoudend gekla.
Snow fell every day, softening the trail and slowing the sleds.

Sneeu het elke dag geval, die roete versag en die sleeë vertraag.
This made for harder pulling and more drag on the runners.
Dit het veroorsaak dat die hardlopers harder trek en meer weerstand bied.
Despite that, the drivers were fair and cared for their teams.
Ten spyte daarvan was die bestuurders regverdig en het hulle vir hul spanne omgegee.
Each night, the dogs were fed before the men got to eat.
Elke aand is die honde gevoer voordat die mans kon eet.
No man slept before checking the feet of his own dog's.
Geen man het geslaap voordat hy nie sy eie hond se pote nagegaan het nie.
Still, the dogs grew weaker as the miles wore on their bodies.
Tog het die honde swakker geword soos die kilometers aan hul liggame gedra het.
They had traveled eighteen hundred miles through the winter.
Hulle het agtienhonderd myl deur die winter gereis.
They pulled sleds across every mile of that brutal distance.
Hulle het sleeë oor elke myl van daardie brutale afstand getrek.
Even the toughest sled dogs feel strain after so many miles.
Selfs die taaiste sleehonde voel spanning na soveel kilometers.
Buck held on, kept his team working, and maintained discipline.
Buck het vasgehou, sy span aan die werk gehou en dissipline gehandhaaf.
But Buck was tired, just like the others on the long journey.
Maar Buck was moeg, net soos die ander op die lang reis.
Billee whimpered and cried in his sleep each night without fail.
Billee het elke nag sonder uitsondering in sy slaap gekreun en gehuil.
Joe grew even more bitter, and Solleks stayed cold and distant.

Joe het selfs meer bitter geword, en Solleks het koud en afsydig gebly.

But it was Dave who suffered the worst out of the entire team.

Maar dit was Dave wat die ergste van die hele span gely het.

Something had gone wrong inside him, though no one knew what.

Iets het binne hom verkeerd geloop, hoewel niemand geweet het wat nie.

He became moodier and snapped at others with growing anger.

Hy het humeuriger geword en met toenemende woede na ander uitgevaar.

Each night he went straight to his nest, waiting to be fed.

Elke aand het hy reguit na sy nes gegaan en gewag om gevoer te word.

Once he was down, Dave did not get up again till morning.

Toe hy eers onder was, het Dave eers die oggend weer opgestaan.

On the reins, sudden jerks or starts made him cry out in pain.

Aan die teuels het skielike rukke of skrikke hom van pyn laat uitroep.

His driver searched for the cause, but found no injury on him.

Sy bestuurder het na die oorsaak gesoek, maar geen beserings aan hom gevind nie.

All the drivers began watching Dave and discussed his case.

Al die bestuurders het Dave begin dophou en sy saak bespreek.

They talked at meals and during their final smoke of the day.

Hulle het tydens etes en tydens hul laaste rook van die dag gepraat.

One night they held a meeting and brought Dave to the fire.

Een aand het hulle 'n vergadering gehou en Dave na die vuur gebring.

They pressed and probed his body, and he cried out often.
Hulle het sy liggaam gedruk en ondersoek, en hy het dikwels uitgeroep.
Clearly, something was wrong, though no bones seemed broken.
Dit was duidelik dat iets verkeerd was, alhoewel geen bene gebreek gelyk het nie.
By the time they reached Cassiar Bar, Dave was falling down.
Teen die tyd dat hulle by Cassiar Bar aankom, het Dave begin val.
The Scotch half-breed called a halt and removed Dave from the team.
Die Skotse halfbloed het halt geroep en Dave uit die span verwyder.
He fastened Solleks in Dave's place, closest to the sled's front.
Hy het Solleks in Dave se plek vasgemaak, naaste aan die slee se voorkant.
He meant to let Dave rest and run free behind the moving sled.
Hy wou Dave laat rus en vry agter die bewegende slee laat hardloop.
But even sick, Dave hated being taken from the job he had owned.
Maar selfs siek, het Dave gehaat om van die werk wat hy gehad het, weggeneem te word.
He growled and whimpered as the reins were pulled from his body.
Hy het gegrom en gekerm toe die teuels van sy lyf af getrek is.
When he saw Solleks in his place, he cried with broken-hearted pain.
Toe hy Solleks in sy plek sien, het hy van gebroke hartseer gehuil.
The pride of trail work was deep in Dave, even as death approached.

Die trots van roetewerk was diep in Dave, selfs toe die dood nader kom.

As the sled moved, Dave floundered through soft snow near the trail.

Terwyl die slee beweeg het, het Dave deur sagte sneeu naby die roete gestruikel.

He attacked Solleks, biting and pushing him from the sled's side.

Hy het Solleks aangeval, hom van die slee se kant af gebyt en gestoot.

Dave tried to leap into the harness and reclaim his working spot.

Dave het probeer om in die harnas te spring en sy werkplek terug te eis.

He yelped, whined, and cried, torn between pain and pride in labor.

Hy het gegil, gekerm en gehuil, verskeur tussen pyn en trots in arbeid.

The half-breed used his whip to try driving Dave away from the team.

Die halfbloed het sy sweep gebruik om Dave van die span af te probeer wegdryf.

But Dave ignored the lash, and the man couldn't strike him harder.

Maar Dave het die hou geïgnoreer, en die man kon hom nie harder slaan nie.

Dave refused the easier path behind the sled, where snow was packed.

Dave het die makliker pad agter die slee geweier, waar die sneeu vasgepak was.

Instead, he struggled in the deep snow beside the trail, in misery.

In plaas daarvan het hy in die diep sneeu langs die paadjie gesukkel, in ellende.

Eventually, Dave collapsed, lying in the snow and howling in pain.

Uiteindelik het Dave ineengestort, in die sneeu gelê en van die pyn gehuil.

He cried out as the long train of sleds passed him one by one.

Hy het uitgeroep toe die lang trein sleeë een vir een verby hom ry.

Still, with what strength remained, he rose and stumbled after them.

Tog, met die oorblywende krag, het hy opgestaan en agter hulle aan gestruikel.

He caught up when the train stopped again and found his old sled.

Hy het ingehaal toe die trein weer stilhou en sy ou slee gevind.

He floundered past the other teams and stood beside Solleks again.

Hy het verby die ander spanne gestruikel en weer langs Solleks gaan staan.

As the driver paused to light his pipe, Dave took his last chance.

Toe die bestuurder stilhou om sy pyp aan te steek, het Dave sy laaste kans gewaag.

When the driver returned and shouted, the team didn't move forward.

Toe die bestuurder terugkeer en skree, het die span nie vorentoe beweeg nie.

The dogs had turned their heads, confused by the sudden stoppage.

Die honde het hul koppe gedraai, verward deur die skielike stilstand.

The driver was shocked too—the sled hadn't moved an inch forward.

Die bestuurder was ook geskok—die slee het nie 'n duim vorentoe beweeg nie.

He called out to the others to come and see what had happened.

Hy het na die ander geroep om te kom kyk wat gebeur het.

Dave had chewed through Solleks's reins, breaking both apart.
Dave het deur Solleks se teuels gekou en albei uitmekaar gebreek.
Now he stood in front of the sled, back in his rightful position.
Nou het hy voor die slee gestaan, terug in sy regmatige posisie.
Dave looked up at the driver, silently pleading to stay in the traces.
Dave het na die bestuurder opgekyk en stilweg gesmeek om in die spore te bly.
The driver was puzzled, unsure of what to do for the struggling dog.
Die bestuurder was verward, onseker oor wat om vir die sukkelende hond te doen.
The other men spoke of dogs who had died from being taken out.
Die ander mans het gepraat van honde wat gevrek het omdat hulle uitgehaal is.
They told of old or injured dogs whose hearts broke when left behind.
Hulle het vertel van ou of beseerde honde wie se harte gebreek het toe hulle agtergelaat is.
They agreed it was mercy to let Dave die while still in his harness.
Hulle het ooreengekom dat dit genade was om Dave te laat sterf terwyl hy nog in sy harnas was.
He was fastened back onto the sled, and Dave pulled with pride.
Hy was terug op die slee vasgemaak, en Dave het met trots getrek.
Though he cried out at times, he worked as if pain could be ignored.
Alhoewel hy soms uitgeroep het, het hy gewerk asof pyn geïgnoreer kon word.
More than once he fell and was dragged before rising again.

Meer as een keer het hy geval en is hy gesleep voordat hy weer opgestaan het.

Once, the sled rolled over him, and he limped from that moment on.

Eenkeer het die slee oor hom gerol, en hy het van daardie oomblik af mank geloop.

Still, he worked until camp was reached, and then lay by the fire.

Tog het hy gewerk totdat hy die kamp bereik het, en toe by die vuur gelê.

By morning, Dave was too weak to travel or even stand upright.

Teen die oggend was Dave te swak om te reis of selfs regop te staan.

At harness-up time, he tried to reach his driver with trembling effort.

Met die aanbring van die harnas het hy met bewerige inspanning probeer om sy bestuurder te bereik.

He forced himself up, staggered, and collapsed onto the snowy ground.

Hy het homself orent gedwing, gestruikel en op die sneeubedekte grond ineengestort.

Using his front legs, he dragged his body toward the harnessing area.

Met sy voorpote het hy sy lyf na die harnasarea gesleep.

He hitched himself forward, inch by inch, toward the working dogs.

Hy het homself vorentoe gehaak, duim vir duim, na die werkhonde toe.

His strength gave out, but he kept moving in his last desperate push.

Sy krag het opgegee, maar hy het aangehou beweeg in sy laaste desperate stoot.

His teammates saw him gasping in the snow, still longing to join them.

Sy spanmaats het hom in die sneeu sien hyg, steeds verlangend om by hulle aan te sluit.

They heard him howling with sorrow as they left the camp behind.
Hulle het hom hoor huil van droefheid toe hulle die kamp agterlaat.

As the team vanished into trees, Dave's cry echoed behind them.
Terwyl die span in die bome verdwyn het, het Dave se geroep agter hulle weergalm.

The sled train halted briefly after crossing a stretch of river timber.
Die sleetrein het kortliks stilgehou nadat dit 'n stuk rivierhout oorgesteek het.

The Scotch half-breed walked slowly back toward the camp behind.
Die Skotse halfbloed het stadig teruggeloop na die kamp agter.

The men stopped speaking when they saw him leave the sled train.
Die mans het opgehou praat toe hulle hom die sleetrein sien verlaat.

Then a single gunshot rang out clear and sharp across the trail.
Toe het 'n enkele geweerskoot helder en skerp oor die paadjie geklink.

The man returned quickly and took up his place without a word.
Die man het vinnig teruggekeer en sonder 'n woord sy plek ingeneem.

Whips cracked, bells jingled, and the sleds rolled on through snow.
Swepe het geklap, klokke het geklingel, en die slee het deur die sneeu gerol.

But Buck knew what had happened—and so did every other dog.
Maar Buck het geweet wat gebeur het—en so ook elke ander hond.

The Toil of Reins and Trail
Die Swoeg van Teuels en Roete

Thirty days after leaving Dawson, the Salt Water Mail reached Skaguay.
Dertig dae nadat hulle Dawson verlaat het, het die Salt Water Mail Skaguay bereik.

Buck and his teammates pulled the lead, arriving in pitiful condition.
Buck en sy spanmaats het die voortou geneem en in 'n jammerlike toestand aangekom.

Buck had dropped from one hundred forty to one hundred fifteen pounds.
Buck het van honderdveertig na honderdvyftien pond verloor.

The other dogs, though smaller, had lost even more body weight.
Die ander honde, hoewel kleiner, het selfs meer liggaamsgewig verloor.

Pike, once a fake limper, now dragged a truly injured leg behind him.
Pike, eens 'n vals mankloper, het nou 'n werklik beseerde been agter hom gesleep.

Solleks was limping badly, and Dub had a wrenched shoulder blade.
Solleks het erg mank geloop, en Dub het 'n geskeerde skouerblad gehad.

Every dog in the team was footsore from weeks on the frozen trail.
Elke hond in die span was seer van weke op die bevrore roete.

They had no spring left in their steps, only slow, dragging motion.
Hulle het geen veerkrag meer in hul stappe gehad nie, net stadige, sleepende beweging.

Their feet hit the trail hard, each step adding more strain to their bodies.
Hul voete tref die paadjie hard, elke tree plaas meer spanning op hul liggame.

They were not sick, only drained beyond all natural recovery.
Hulle was nie siek nie, net uitgeput tot onopvallende natuurlike herstel.

This was not tiredness from one hard day, cured with a night's rest.
Dit was nie moegheid van een harde dag, genees met 'n nagrus nie.

It was exhaustion built slowly through months of grueling effort.
Dit was uitputting wat stadig opgebou is deur maande se uitmergelende inspanning.

No reserve strength remained — they had used up every bit they had.
Geen reserwekrag het oorgebly nie — hulle het elke bietjie wat hulle gehad het, opgebruik.

Every muscle, fiber, and cell in their bodies was spent and worn.
Elke spier, vesel en sel in hulle liggame was uitgeput en afgetakel.

And there was a reason — they had covered twenty-five hundred miles.
En daar was 'n rede — hulle het vyf-en-twintig honderd myl afgelê.

They had rested only five days during the last eighteen hundred miles.
Hulle het slegs vyf dae gerus gedurende die laaste agtienhonderd myl.

When they reached Skaguay, they looked barely able to stand upright.
Toe hulle Skaguay bereik, het dit gelyk of hulle skaars regop kon staan.

They struggled to keep the reins tight and stay ahead of the sled.
Hulle het gesukkel om die teuels styf te hou en voor die slee te bly.

On downhill slopes, they only managed to avoid being run over.
Op afdraandes het hulle net daarin geslaag om te vermy om omgery te word.

"March on, poor sore feet," the driver said as they limped along.
"Marsjeer aan, arme seer voete," het die bestuurder gesê terwyl hulle mank gery het.

"This is the last stretch, then we all get one long rest, for sure."
"Dis die laaste stuk, dan kry ons almal verseker een lang ruskans."

"One truly long rest," he promised, watching them stagger forward.
"Een werklik lang ruskans," het hy belowe terwyl hy hulle dopgehou het terwyl hulle vorentoe strompel.

The drivers expected they were going to now get a long, needed break.
Die bestuurders het verwag dat hulle nou 'n lang, nodige blaaskans sou kry.

They had traveled twelve hundred miles with only two days' rest.
Hulle het twaalfhonderd myl afgelê met slegs twee dae se rus.

By fairness and reason, they felt they had earned time to relax.
Uit billikheid en rede het hulle gevoel dat hulle tyd verdien het om te ontspan.

But too many had come to the Klondike, and too few had stayed home.
Maar te veel het na die Klondike gekom, en te min het tuis gebly.

Letters from families flooded in, creating piles of delayed mail.
Briewe van families het ingestroom, wat hope vertraagde pos veroorsaak het.

Official orders arrived—new Hudson Bay dogs were going to take over.

Amptelike bevele het aangekom—nuwe Hudsonbaai-honde sou oorneem.

The exhausted dogs, now called worthless, were to be disposed of.

Die uitgeputte honde, nou as waardeloos beskou, moes van die hand gesit word.

Since money mattered more than dogs, they were going to be sold cheaply.

Aangesien geld meer as honde saak gemaak het, sou hulle goedkoop verkoop word.

Three more days passed before the dogs felt just how weak they were.

Nog drie dae het verbygegaan voordat die honde gevoel het hoe swak hulle was.

On the fourth morning, two men from the States bought the whole team.

Op die vierde oggend het twee mans van die State die hele span gekoop.

The sale included all the dogs, plus their worn harness gear.

Die verkoop het al die honde ingesluit, plus hul verslete harnastoerusting.

The men called each other "Hal" and "Charles" as they completed the deal.

Die mans het mekaar "Hal" en "Charles" genoem terwyl hulle die transaksie voltooi het.

Charles was middle-aged, pale, with limp lips and fierce mustache tips.

Charles was middeljarig, bleek, met slap lippe en woeste snorpunte.

Hal was a young man, maybe nineteen, wearing a cartridge-stuffed belt.

Hal was 'n jong man, miskien negentien, met 'n gordel vol patroon.

The belt held a big revolver and a hunting knife, both unused.

Die gordel het 'n groot rewolwer en 'n jagmes bevat, albei ongebruik.

It showed how inexperienced and unfit he was for northern life.
Dit het getoon hoe onervare en ongeskik hy was vir die noordelike lewe.

Neither man belonged in the wild; their presence defied all reason.
Nie een van die manne het in die natuur hoort nie; hul teenwoordigheid het alle rede getrotseer.

Buck watched as money exchanged hands between buyer and agent.
Buck het gekyk hoe geld tussen koper en agent oorgedra is.

He knew the mail-train drivers were leaving his life like the rest.
Hy het geweet die postreindrywers verlaat sy lewe soos die res.

They followed Perrault and François, now gone beyond recall.
Hulle het Perrault en François gevolg, nou onherroeplik.

Buck and the team were led to their new owners' sloppy camp.
Buck en die span is na hul nuwe eienaars se slordige kamp gelei.

The tent sagged, dishes were dirty, and everything lay in disarray.
Die tent het gesak, die skottelgoed was vuil, en alles het in wanorde gelê.

Buck noticed a woman there too—Mercedes, Charles's wife and Hal's sister.
Buck het ook 'n vrou daar opgemerk—Mercedes, Charles se vrou en Hal se suster.

They made a complete family, though far from suited to the trail.
Hulle het 'n volledige gesin gemaak, alhoewel glad nie geskik vir die roete nie.

Buck watched nervously as the trio started packing the supplies.

Buck het senuweeagtig gekyk terwyl die drietal die voorraad begin pak het.

They worked hard but without order—just fuss and wasted effort.

Hulle het hard gewerk, maar sonder orde—net ophef en vermorste moeite.

The tent was rolled into a bulky shape, far too large for the sled.

Die tent was in 'n lywige vorm opgerol, heeltemal te groot vir die slee.

Dirty dishes were packed without being cleaned or dried at all.

Vuil skottelgoed is verpak sonder om glad nie skoongemaak of gedroog te word nie.

Mercedes fluttered about, constantly talking, correcting, and meddling.

Mercedes het rondgefladder, aanhoudend gepraat, reggestel en ingemeng.

When a sack was placed on front, she insisted it go on the back.

Toe 'n sak voor geplaas is, het sy daarop aangedring dat dit agterop geplaas word.

She packed the sack in the bottom, and the next moment she needed it.

Sy het die sak onderin gepak, en die volgende oomblik het sy dit nodig gehad.

So the sled was unpacked again to reach the one specific bag.

So is die slee weer uitgepak om by die een spesifieke sak uit te kom.

Nearby, three men stood outside a tent, watching the scene unfold.

Daar naby het drie mans buite 'n tent gestaan en die toneel dopgehou.

They smiled, winked, and grinned at the newcomers' obvious confusion.

Hulle het geglimlag, geknipoog en geglimlag vir die nuwelinge se ooglopende verwarring.

"You've got a right heavy load already," said one of the men.

"Jy het reeds 'n baie swaar vrag," het een van die mans gesê.

"I don't think you should carry that tent, but it's your choice."

"Ek dink nie jy moet daardie tent dra nie, maar dis jou keuse."

"Undreamed of!" cried Mercedes, throwing up her hands in despair.

"Ongedroomd!" roep Mercedes uit en gooi haar hande in wanhoop in die lug.

"How could I possibly travel without a tent to stay under?"

"Hoe kan ek moontlik reis sonder 'n tent om onder te bly?"

"It's springtime—you won't see cold weather again," the man replied.

"Dis lentetyd—jy sal nie weer koue weer sien nie," het die man geantwoord.

But she shook her head, and they kept piling items onto the sled.

Maar sy het haar kop geskud, en hulle het aangehou om items op die slee te stapel.

The load towered dangerously high as they added the final things.

Die vrag het gevaarlik hoog getoorn toe hulle die laaste dinge bygevoeg het.

"Think the sled will ride?" asked one of the men with a skeptical look.

"Dink jy die slee sal ry?" het een van die mans met 'n skeptiese uitdrukking gevra.

"Why shouldn't it?" Charles snapped back with sharp annoyance.

"Waarom nie?" het Charles met skerp ergernis teruggekap.

"Oh, that's all right," the man said quickly, backing away from offense.

"O, dis reg so," het die man vinnig gesê en van die aanstoot teruggedeins.

"I was only wondering—it just looked a bit too top-heavy to me."

"Ek het net gewonder—dit het net vir my 'n bietjie te swaar bo-op gelyk."

Charles turned away and tied down the load as best as he could.

Charles het weggedraai en die vrag so goed as wat hy kon vasgemaak.

But the lashings were loose and the packing poorly done overall.

Maar die vasmaakplekke was los en die verpakking oor die algemeen swak gedoen.

"Sure, the dogs will pull that all day," another man said sarcastically.

"Natuurlik, die honde sal dit heeldag trek," het 'n ander man sarkasties gesê.

"Of course," Hal replied coldly, grabbing the sled's long gee-pole.

"Natuurlik," antwoord Hal koud en gryp die slee se lang gee-stok.

With one hand on the pole, he swung the whip in the other.

Met een hand aan die paal het hy die sweep in die ander geswaai.

"Let's go!" he shouted. "Move it!" urging the dogs to start.

"Kom ons gaan!" het hy geskree. "Beweeg dit!" en die honde aangespoor om te begin.

The dogs leaned into the harness and strained for a few moments.

Die honde het in die harnas geleun en vir 'n paar oomblikke gespanne geraak.

Then they stopped, unable to budge the overloaded sled an inch.

Toe het hulle stilgehou, nie in staat om die oorlaaide slee 'n duim te beweeg nie.

"The lazy brutes!" Hal yelled, lifting the whip to strike them.

"Die lui brute diere!" het Hal geskree en die sweep opgelig om hulle te slaan.

But Mercedes rushed in and seized the whip from Hal's hands.

Maar Mercedes het ingestorm en die sweep uit Hal se hande gegryp.

"Oh, Hal, don't you dare hurt them," she cried in alarm.

"Ag, Hal, moenie dit waag om hulle seer te maak nie," het sy verskrik uitgeroep.

"Promise me you'll be kind to them, or I won't go another step."

"Beloof my dat jy goedhartig teenoor hulle sal wees, anders gaan ek nie verder nie."

"You don't know a thing about dogs," Hal snapped at his sister.

"Jy weet niks van honde af nie," het Hal vir sy suster gesê.

"They're lazy, and the only way to move them is to whip them."

"Hulle is lui, en die enigste manier om hulle te beweeg, is om hulle te slaan."

"Ask anyone — ask one of those men over there if you doubt me."

"Vra enigiemand — vra een van daardie mans daar oorkant as jy aan my twyfel."

Mercedes looked at the onlookers with pleading, tearful eyes.

Mercedes het die omstanders met smekende, tranerige oë aangekyk.

Her face showed how deeply she hated the sight of any pain.

Haar gesig het getoon hoe diep sy die aanskoue van enige pyn gehaat het.

"They're weak, that's all," one man said. "They're worn out."

"Hulle is swak, dis al," het een man gesê. "Hulle is uitgeput."

"They need rest — they've been worked too long without a break."

"Hulle het rus nodig—hulle is te lank sonder 'n pouse gewerk."
"Rest be cursed," Hal muttered with his lip curled.
"Mag die res vervloek wees," mompel Hal met sy lip opgetrek.
Mercedes gasped, clearly pained by the coarse word from him.
Mercedes het na haar asem gesnak, duidelik pynlik oor die growwe woord van hom.
Still, she stayed loyal and instantly defended her brother.
Tog het sy lojaal gebly en haar broer onmiddellik verdedig.
"Don't mind that man," she said to Hal. "They're our dogs."
"Moenie jou aan daardie man steur nie," het sy vir Hal gesê. "Hulle is ons honde."
"You drive them as you see fit—do what you think is right."
"Jy bestuur hulle soos jy goeddink—doen wat jy dink reg is."
Hal raised the whip and struck the dogs again without mercy.
Hal het die sweep opgelig en die honde weer sonder genade geslaan.
They lunged forward, bodies low, feet pushing into the snow.
Hulle het vorentoe gestorm, liggame laag, voete in die sneeu gedruk.
All their strength went into the pull, but the sled wasn't moving.
Al hulle krag het in die trekkrag gegaan, maar die slee het nie beweeg nie.
The sled stayed stuck, like an anchor frozen into the packed snow.
Die slee het vasgesteek, soos 'n anker wat in die gepakte sneeu gevries is.
After a second effort, the dogs stopped again, panting hard.
Na 'n tweede poging het die honde weer gestop, hard hyggend.
Hal raised the whip once more, just as Mercedes interfered again.

Hal het die sweep weer eens gelig, net toe Mercedes weer inmeng.

She dropped to her knees in front of Buck and hugged his neck.

Sy het voor Buck op haar knieë geval en sy nek omhels.

Tears filled her eyes as she pleaded with the exhausted dog.

Trane het haar oë gevul terwyl sy die uitgeputte hond gesmeek het.

"You poor dears," she said, "why don't you just pull harder?"

"Julle arme dierbares," het sy gesê, "hoekom trek julle nie net harder nie?"

"If you pull, then you won't get to be whipped like this."

"As jy trek, sal jy nie so geslaan word nie."

Buck disliked Mercedes, but he was too tired to resist her now.

Buck het nie van Mercedes gehou nie, maar hy was te moeg om haar nou te weerstaan.

He accepted her tears as just another part of the miserable day.

Hy het haar trane as net nog 'n deel van die ellendige dag aanvaar.

One of the watching men finally spoke after holding back his anger.

Een van die mans wat toekyk, het uiteindelik gepraat nadat hy sy woede onderdruk het.

"I don't care what happens to you folks, but those dogs matter."

"Ek gee nie om wat met julle gebeur nie, maar daardie honde maak saak."

"If you want to help, break that sled loose—it's frozen to the snow."

"As jy wil help, breek daardie slee los—dis vasgevries tot die sneeu."

"Push hard on the gee-pole, right and left, and break the ice seal."

"Druk hard op die gee-paal, regs en links, en breek die ysseël."

A third attempt was made, this time following the man's suggestion.

'n Derde poging is aangewend, hierdie keer na aanleiding van die man se voorstel.

Hal rocked the sled from side to side, breaking the runners loose.

Hal het die slee van kant tot kant gewieg en die lopers losgebreek.

The sled, though overloaded and awkward, finally lurched forward.

Die slee, hoewel oorlaai en lomp, het uiteindelik vorentoe geslinger.

Buck and the others pulled wildly, driven by a storm of whiplashes.

Buck en die ander het wild getrek, gedryf deur 'n storm sweepslae.

A hundred yards ahead, the trail curved and sloped into the street.

Honderd meter vorentoe het die paadjie gebuig en in die straat afgegaan.

It was going to have taken a skilled driver to keep the sled upright.

Dit sou 'n bekwame bestuurder geverg het om die slee regop te hou.

Hal was not skilled, and the sled tipped as it swung around the bend.

Hal was nie vaardig nie, en die slee het gekantel toe dit om die draai swaai.

Loose lashings gave way, and half the load spilled onto the snow.

Los vasmaakbande het meegegee, en die helfte van die vrag het op die sneeu geval.

The dogs did not stop; the lighter sled flew along on its side.

Die honde het nie gestop nie; die ligter slee het op sy sy gevlieg.

Angry from abuse and the heavy burden, the dogs ran faster.
Woedend van die mishandeling en die swaar las, het die honde vinniger gehardloop.
Buck, in fury, broke into a run, with the team following behind.
Buck, in woede, het begin hardloop, met die span wat agter hom aanloop.
Hal shouted "Whoa! Whoa!" but the team paid no attention to him.
Hal het geskree "Whoa! Whoa!" maar die span het geen aandag aan hom geskenk nie.
He tripped, fell, and was dragged along the ground by the harness.
Hy het gestruikel, geval en is deur die harnas oor die grond gesleep.
The overturned sled bumped over him as the dogs raced on ahead.
Die omgekeerde slee het oor hom gestamp terwyl die honde vorentoe gejaag het.
The rest of the supplies scattered across Skaguay's busy street.
Die res van die voorrade het oor Skaguay se besige straat versprei gelê.
Kind-hearted people rushed to stop the dogs and gather the gear.
Goedhartige mense het gehardloop om die honde te stop en die toerusting bymekaar te maak.
They also gave advice, blunt and practical, to the new travelers.
Hulle het ook raad, reguit en prakties, aan die nuwe reisigers gegee.
"If you want to reach Dawson, take half the load and double the dogs."
"As jy Dawson wil bereik, neem die helfte van die vrag en verdubbel die honde."
Hal, Charles, and Mercedes listened, though not with enthusiasm.

Hal, Charles en Mercedes het geluister, maar nie met entoesiasme nie.

They pitched their tent and started sorting through their supplies.

Hulle het hul tent opgeslaan en begin om hul voorraad uit te sorteer.

Out came canned goods, which made onlookers laugh aloud.

Ingemaakte goedere het uitgekom, wat omstanders hardop laat lag het.

"Canned stuff on the trail? You'll starve before that melts," one said.

"Ingemaakte goed op die roete? Jy sal verhonger voordat dit smelt," het een gesê.

"Hotel blankets? You're better off throwing them all out."

"Hotelkomberse? Jy is beter daaraan toe om hulle almal weg te gooi."

"Ditch the tent, too, and no one washes dishes here."

"Gooi ook die tent weg, en niemand was skottelgoed hier nie."

"You think you're riding a Pullman train with servants on board?"

"Dink jy jy ry op 'n Pullman-trein met bediendes aan boord?"

The process began—every useless item was tossed to the side.

Die proses het begin—elke nuttelose item is eenkant gegooi.

Mercedes cried when her bags were emptied onto the snowy ground.

Mercedes het gehuil toe haar tasse op die sneeubedekte grond leeggemaak is.

She sobbed over every item thrown out, one by one without pause.

Sy het sonder ophou gehuil oor elke item wat uitgegooi is, een vir een.

She vowed not to go one more step—not even for ten Charleses.

Sy het belowe om nie een tree verder te gee nie—nie eens vir tien Charleses nie.

She begged each person nearby to let her keep her precious things.
Sy het elke persoon naby gesmeek om haar toe te laat om haar kosbare besittings te hou.

At last, she wiped her eyes and began tossing even vital clothes.
Uiteindelik het sy haar oë afgevee en selfs noodsaaklike klere begin weggooi.

When done with her own, she began emptying the men's supplies.
Toe sy klaar was met haar eie, het sy die mans se voorrade begin leegmaak.

Like a whirlwind, she tore through Charles and Hal's belongings.
Soos 'n warrelwind het sy deur Charles en Hal se besittings geskeur.

Though the load was halved, it was still far heavier than needed.
Alhoewel die lading gehalveer is, was dit steeds baie swaarder as wat nodig was.

That night, Charles and Hal went out and bought six new dogs.
Daardie aand het Charles en Hal uitgegaan en ses nuwe honde gekoop.

These new dogs joined the original six, plus Teek and Koona.
Hierdie nuwe honde het by die oorspronklike ses aangesluit, plus Teek en Koona.

Together they made a team of fourteen dogs hitched to the sled.
Saam het hulle 'n span van veertien honde gevorm wat aan die slee vasgemaak is.

But the new dogs were unfit and poorly trained for sled work.
Maar die nuwe honde was ongeskik en swak opgelei vir sleewerk.

Three of the dogs were short-haired pointers, and one was a Newfoundland.
Drie van die honde was korthaar-wysers, en een was 'n Newfoundland.

The final two dogs were mutts of no clear breed or purpose at all.
Die laaste twee honde was basters van geen duidelike ras of doel hoegenaamd nie.

They didn't understand the trail, and they didn't learn it quickly.
Hulle het die roete nie verstaan nie, en hulle het dit nie vinnig geleer nie.

Buck and his mates watched them with scorn and deep irritation.
Buck en sy makkers het hulle met minagting en diepe irritasie dopgehou.

Though Buck taught them what not to do, he could not teach duty.
Alhoewel Buck hulle geleer het wat om nie te doen nie, kon hy hulle nie plig leer nie.

They didn't take well to trail life or the pull of reins and sleds.
Hulle het nie goed verdra om die lewe agterna te loop of die trek van teuels en slee nie.

Only the mongrels tried to adapt, and even they lacked fighting spirit.
Slegs die basterdiere het probeer aanpas, en selfs hulle het veggees kortgekom.

The other dogs were confused, weakened, and broken by their new life.
Die ander honde was verward, verswak en gebroke deur hul nuwe lewe.

With the new dogs clueless and the old ones exhausted, hope was thin.
Met die nuwe honde sonder enige idee en die oues uitgeput, was die hoop skraal.

Buck's team had covered twenty-five hundred miles of harsh trail.
Buck se span het vyf-en-twintig honderd myl se rowwe roete afgelê.

Still, the two men were cheerful and proud of their large dog team.
Tog was die twee mans vrolik en trots op hul groot hondespan.

They thought they were traveling in style, with fourteen dogs hitched.
Hulle het gedink hulle reis in styl, met veertien honde vasgehaak.

They had seen sleds leave for Dawson, and others arrive from it.
Hulle het sleeë na Dawson sien vertrek, en ander daarvandaan sien aankom.

But never had they seen one pulled by as many as fourteen dogs.
Maar nog nooit het hulle een gesien wat deur soveel as veertien honde getrek word nie.

There was a reason such teams were rare in the Arctic wilderness.
Daar was 'n rede waarom sulke spanne skaars in die Arktiese wildernis was.

No sled could carry enough food to feed fourteen dogs for the trip.
Geen slee kon genoeg kos dra om veertien honde vir die reis te voed nie.

But Charles and Hal didn't know that—they had done the math.
Maar Charles en Hal het dit nie geweet nie—hulle het die wiskunde gedoen.

They penciled out the food: so much per dog, so many days, done.
Hulle het die kos met potlood neergeskryf: soveel per hond, soveel dae, klaar.

Mercedes looked at their figures and nodded as if it made sense.
Mercedes het na hul syfers gekyk en geknik asof dit sin maak.
It all seemed very simple to her, at least on paper.
Dit het alles vir haar baie eenvoudig gelyk, ten minste op papier.

The next morning, Buck led the team slowly up the snowy street.
Die volgende oggend het Buck die span stadig die sneeubedekte straat op gelei.
There was no energy or spirit in him or the dogs behind him.
Daar was geen energie of gees in hom of die honde agter hom nie.
They were dead tired from the start—there was no reserve left.
Hulle was van die begin af doodmoeg—daar was geen reserwe oor nie.
Buck had made four trips between Salt Water and Dawson already.
Buck het reeds vier reise tussen Salt Water en Dawson gemaak.
Now, faced with the same trail again, he felt nothing but bitterness.
Nou, terwyl hy weer met dieselfde spoor te kampe gehad het, het hy niks anders as bitterheid gevoel nie.
His heart was not in it, nor were the hearts of the other dogs.
Sy hart was nie daarin nie, en ook nie die harte van die ander honde nie.
The new dogs were timid, and the huskies lacked all trust.
Die nuwe honde was skugter, en die huskies het alle vertroue kortgekom.
Buck sensed he could not rely on these two men or their sister.
Buck het aangevoel dat hy nie op hierdie twee mans of hul suster kon staatmaak nie.

They knew nothing and showed no signs of learning on the trail.
Hulle het niks geweet nie en geen tekens van leer op die roete getoon nie.
They were disorganized and lacked any sense of discipline.
Hulle was ongeorganiseerd en het geen sin vir dissipline gehad nie.
It took them half the night to set up a sloppy camp each time.
Dit het hulle elke keer die helfte van die nag geneem om 'n slordige kamp op te slaan.
And half the next morning they spent fumbling with the sled again.
En die helfte van die volgende oggend het hulle weer met die slee gepeuter.
By noon, they often stopped just to fix the uneven load.
Teen die middaguur het hulle dikwels gestop net om die ongelyke vrag reg te maak.
On some days, they traveled less than ten miles in total.
Op sommige dae het hulle minder as tien myl in totaal afgelê.
Other days, they didn't manage to leave camp at all.
Ander dae het hulle glad nie daarin geslaag om die kamp te verlaat nie.
They never came close to covering the planned food-distance.
Hulle het nooit naby gekom om die beplande voedselafstand af te lê nie.
As expected, they ran short on food for the dogs very quickly.
Soos verwag, het hulle baie vinnig kos vir die honde kortgekom.
They made matters worse by overfeeding in the early days.
Hulle het sake vererger deur in die vroeë dae oor te voer.
This brought starvation closer with every careless ration.
Dit het hongersnood nader gebring met elke sorgelose rantsoen.
The new dogs had not learned to survive on very little.

Die nuwe honde het nie geleer om met baie min te oorleef nie.
They ate hungrily, with appetites too large for the trail.
Hulle het hongerig geëet, met 'n aptyt te groot vir die roete.
Seeing the dogs weaken, Hal believed the food wasn't enough.
Toe Hal sien hoe die honde verswak, het hy geglo dat die kos nie genoeg was nie.
He doubled the rations, making the mistake even worse.
Hy het die rantsoene verdubbel, wat die fout nog erger gemaak het.
Mercedes added to the problem with tears and soft pleading.
Mercedes het met trane en sagte smeekbedes tot die probleem bygedra.
When she couldn't convince Hal, she fed the dogs in secret.
Toe sy Hal nie kon oortuig nie, het sy die honde in die geheim gevoer.
She stole from the fish sacks and gave it to them behind his back.
Sy het uit die visakke gesteel en dit agter sy rug vir hulle gegee.
But what the dogs truly needed wasn't more food—it was rest.
Maar wat die honde werklik nodig gehad het, was nie meer kos nie—dit was rus.
They were making poor time, but the heavy sled still dragged on.
Hulle het swak tyd gemaak, maar die swaar slee het steeds gesleep.
That weight alone drained their remaining strength each day.
Daardie gewig alleen het elke dag hul oorblywende krag uitgeput.
Then came the stage of underfeeding as the supplies ran low.
Toe kom die stadium van ondervoeding namate die voorrade min geword het.

Hal realized one morning that half the dog food was already gone.
Hal het eendagoggend besef dat die helfte van die hondekos reeds op was.
They had only traveled a quarter of the total trail distance.
Hulle het slegs 'n kwart van die totale afstand van die roete afgelê.
No more food could be bought, no matter what price was offered.
Geen kos kon meer gekoop word nie, ongeag die prys wat aangebied is.
He reduced the dogs' portions below the standard daily ration.
Hy het die honde se porsies verminder tot onder die standaard daaglikse rantsoen.
At the same time, he demanded longer travel to make up for loss.
Terselfdertyd het hy langer reise geëis om die verlies te vergoed.
Mercedes and Charles supported this plan, but failed in execution.
Mercedes en Charles het hierdie plan ondersteun, maar het misluk in uitvoering.
Their heavy sled and lack of skill made progress nearly impossible.
Hul swaar slee en gebrek aan vaardigheid het vordering byna onmoontlik gemaak.
It was easy to give less food, but impossible to force more effort.
Dit was maklik om minder kos te gee, maar onmoontlik om meer moeite af te dwing.
They couldn't start early, nor could they travel for extra hours.
Hulle kon nie vroeg begin nie, en hulle kon ook nie vir ekstra ure reis nie.
They didn't know how to work the dogs, nor themselves, for that matter.

Hulle het nie geweet hoe om die honde te werk nie, en ook nie hulself nie.

The first dog to die was Dub, the unlucky but hardworking thief.

Die eerste hond wat gesterf het, was Dub, die ongelukkige maar hardwerkende dief.

Though often punished, Dub had pulled his weight without complaint.

Alhoewel hy dikwels gestraf is, het Dub sy deel gedoen sonder om te kla.

His injured shoulder grew worse without care or needed rest.

Sy beseerde skouer het vererger sonder sorg of rus nodig gehad.

Finally, Hal used the revolver to end Dub's suffering.

Uiteindelik het Hal die rewolwer gebruik om Dub se lyding te beëindig.

A common saying claimed that normal dogs die on husky rations.

'n Algemene gesegde beweer dat normale honde op husky-rantsoene vrek.

Buck's six new companions had only half the husky's share of food.

Buck se ses nuwe metgeselle het net die helfte van die husky se deel van kos gehad.

The Newfoundland died first, then the three short-haired pointers.

Die Newfoundland het eerste gevrek, toe die drie korthaar-wysers.

The two mongrels held on longer but finally perished like the rest.

Die twee basterds het langer gehou, maar uiteindelik soos die res omgekom.

By this time, all the amenities and gentleness of the Southland were gone.

Teen hierdie tyd was al die geriewe en sagtheid van die Suidland weg.

The three people had shed the last traces of their civilized upbringing.
Die drie mense het die laaste spore van hul beskaafde opvoeding afgeskud.

Stripped of glamour and romance, Arctic travel became brutally real.
Gestroop van glans en romanse, het Arktiese reise brutaal werklik geword.

It was a reality too harsh for their sense of manhood and womanhood.
Dit was 'n werklikheid te hard vir hulle sin van manlikheid en vroulikheid.

Mercedes no longer wept for the dogs, but now wept only for herself.
Mercedes het nie meer oor die honde gehuil nie, maar nou net oor haarself.

She spent her time crying and quarreling with Hal and Charles.
Sy het haar tyd deurgebring met huil en rusie met Hal en Charles.

Quarreling was the one thing they were never too tired to do.
Rusie was die een ding waarvoor hulle nooit te moeg was nie.

Their irritability came from misery, grew with it, and surpassed it.
Hul prikkelbaarheid het uit ellende gekom, daarmee saam gegroei en dit oortref.

The patience of the trail, known to those who toil and suffer kindly, never came.
Die geduld van die roete, bekend aan diegene wat swoeg en ly met liefde, het nooit gekom nie.

That patience, which keeps speech sweet through pain, was unknown to them.
Daardie geduld, wat spraak soet hou deur pyn, was onbekend aan hulle.

They had no hint of patience, no strength drawn from suffering with grace.

Hulle het geen sweempie geduld gehad nie, geen krag geput uit lyding met genade nie.

They were stiff with pain—aching in their muscles, bones, and hearts.

Hulle was styf van pyn—pyn in hulle spiere, bene en harte.

Because of this, they grew sharp of tongue and quick with harsh words.

As gevolg hiervan het hulle skerp van tong geword en vinnig met harde woorde.

Each day began and ended with angry voices and bitter complaints.

Elke dag het begin en geëindig met kwaai stemme en bittere klagtes.

Charles and Hal wrangled whenever Mercedes gave them a chance.

Charles en Hal het gestry wanneer Mercedes hulle 'n kans gegee het.

Each man believed he did more than his fair share of the work.

Elke man het geglo dat hy meer as sy regverdige deel van die werk gedoen het.

Neither ever missed a chance to say so, again and again.

Nie een van hulle het ooit 'n kans laat verbygaan om dit oor en oor te sê nie.

Sometimes Mercedes sided with Charles, sometimes with Hal.

Soms het Mercedes die kant van Charles gekies, soms die kant van Hal.

This led to a grand and endless quarrel among the three.

Dit het gelei tot 'n groot en eindelose rusie tussen die drie.

A dispute over who should chop firewood grew out of control.

'n Geskil oor wie brandhout moes kap, het buite beheer geraak.

Soon, fathers, mothers, cousins, and dead relatives were named.

Gou is vaders, moeders, neefs en niggies en oorlede familielede by name genoem.

Hal's views on art or his uncle's plays became part of the fight.

Hal se sienings oor kuns of sy oom se toneelstukke het deel van die stryd geword.

Charles's political beliefs also entered the debate.

Charles se politieke oortuigings het ook die debat betree.

To Mercedes, even her husband's sister's gossip seemed relevant.

Vir Mercedes het selfs haar man se suster se skinderstories relevant gelyk.

She aired opinions on that and on many of Charles's family's flaws.

Sy het menings daaroor en oor baie van Charles se familie se foute gelug.

While they argued, the fire stayed unlit and camp half set.

Terwyl hulle gestry het, het die vuur doodgebly en die kamp halfpad gebou.

Meanwhile, the dogs remained cold and without any food.

Intussen het die honde koud en sonder kos gebly.

Mercedes held a grievance she considered deeply personal.

Mercedes het 'n grief gehad wat sy as baie persoonlik beskou het.

She felt mistreated as a woman, denied her gentle privileges.

Sy het as vrou mishandel gevoel, haar sagte voorregte ontsê.

She was pretty and soft, and used to chivalry all her life.

Sy was mooi en sag, en haar hele lewe lank ridderlik.

But her husband and brother now treated her with impatience.

Maar haar man en broer het haar nou met ongeduld behandel.

Her habit was to act helpless, and they began to complain.

Haar gewoonte was om hulpeloos op te tree, en hulle het begin kla.

Offended by this, she made their lives all the more difficult.

Aanstoot geneem hierdeur, het sy hul lewens al hoe moeiliker gemaak.

She ignored the dogs and insisted on riding the sled herself.
Sy het die honde geïgnoreer en daarop aangedring om self die slee te ry.

Though light in looks, she weighed one hundred twenty pounds.
Alhoewel sy lig van voorkoms was, het sy honderd-en-twintig pond geweeg.

That added burden was too much for the starving, weak dogs.
Daardie ekstra las was te veel vir die honger, swak honde.

Still, she rode for days, until the dogs collapsed in the reins.
Tog het sy dae lank gery, totdat die honde in die teuels ineengestort het.

The sled stood still, and Charles and Hal begged her to walk.
Die slee het stilgestaan, en Charles en Hal het haar gesmeek om te loop.

They pleaded and entreated, but she wept and called them cruel.
Hulle het gesmeek en gebid, maar sy het geween en hulle wreed genoem.

On one occasion, they pulled her off the sled with sheer force and anger.
By een geleentheid het hulle haar met pure krag en woede van die slee afgetrek.

They never tried again after what happened that time.
Hulle het nooit weer probeer na wat destyds gebeur het nie.

She went limp like a spoiled child and sat in the snow.
Sy het slap geword soos 'n bederfde kind en in die sneeu gaan sit.

They moved on, but she refused to rise or follow behind.
Hulle het aangegaan, maar sy het geweier om op te staan of agter haar te volg.

After three miles, they stopped, returned, and carried her back.
Na drie myl het hulle gestop, teruggekeer en haar teruggedra.

They reloaded her onto the sled, again using brute strength.

Hulle het haar weer op die slee gelaai, weer eens met brute krag.

In their deep misery, they were callous to the dogs' suffering.
In hul diepe ellende was hulle gevoelloos teenoor die honde se lyding.

Hal believed one must get hardened and forced that belief on others.
Hal het geglo dat 'n mens verhard moet word en het daardie oortuiging op ander afgedwing.

He first tried to preach his philosophy to his sister
Hy het eers probeer om sy filosofie aan sy suster te verkondig

and then, without success, he preached to his brother-in-law.
en toe, sonder sukses, het hy vir sy swaer gepreek.

He had more success with the dogs, but only because he hurt them.
Hy het meer sukses met die honde gehad, maar net omdat hy hulle seergemaak het.

At Five Fingers, the dog food ran out of food completely.
By Five Fingers het die hondekos heeltemal opgeraak.

A toothless old squaw sold a few pounds of frozen horse-hide
'n Tandlose ou squat het 'n paar pond bevrore perdevel verkoop

Hal traded his revolver for the dried horse-hide.
Hal het sy rewolwer vir die gedroogde perdevel verruil.

The meat had come from starved horses of cattlemen months before.
Die vleis het maande tevore van uitgehongerde perde of beesboere gekom.

Frozen, the hide was like galvanized iron; tough and inedible.
Bevrore, die vel was soos gegalvaniseerde yster; taai en oneetbaar.

The dogs had to chew endlessly at the hide to eat it.
Die honde moes eindeloos aan die vel kou om dit te eet.

But the leathery strings and short hair were hardly nourishment.
Maar die leeragtige snare en kort hare was nouliks voeding.
Most of the hide was irritating, and not food in any true sense.
Meeste van die vel was irriterend, en nie kos in enige ware sin van die woord nie.
And through it all, Buck staggered at the front, like in a nightmare.
En deur dit alles het Buck voor gestruikel, soos in 'n nagmerrie.
He pulled when able; when not, he lay until whip or club raised him.
Hy het getrek wanneer hy kon; wanneer hy nie kon nie, het hy gelê totdat die sweep of knuppel hom opgelig het.
His fine, glossy coat had lost all stiffness and sheen it once had.
Sy fyn, blink pels het al die styfheid en glans wat dit eens gehad het, verloor.
His hair hung limp, draggled, and clotted with dried blood from the blows.
Sy hare het slap, gesleep en vol gedroogde bloed van die houe gehang.
His muscles shrank to cords, and his flesh pads were all worn away.
Sy spiere het tot toue gekrimp, en sy vleiskussings was almal weggeslyt.
Each rib, each bone showed clearly through folds of wrinkled skin.
Elke rib, elke been, het duidelik deur die voue van die gekreukelde vel geskyn.
It was heartbreaking, yet Buck's heart could not break.
Dit was hartverskeurend, maar Buck se hart kon nie breek nie.
The man in the red sweater had tested that and proved it long ago.
Die man in die rooi trui het dit lankal getoets en bewys.

As it was with Buck, so it was with all his remaining teammates.
Soos dit met Buck was, so was dit met al sy oorblywende spanmaats.

There were seven in total, each one a walking skeleton of misery.
Daar was altesaam sewe, elkeen 'n wandelende geraamte van ellende.

They had grown numb to lash, feeling only distant pain.
Hulle het gevoelloos geword om te sweep, en het net vae pyn gevoel.

Even sight and sound reached them faintly, as through a thick fog.
Selfs sig en klank het hulle vaagweg bereik, soos deur 'n digte mis.

They were not half alive—they were bones with dim sparks inside.
Hulle was nie half lewendig nie—hulle was bene met dowwe vonke binne.

When stopped, they collapsed like corpses, their sparks almost gone.
Toe hulle gestop het, het hulle soos lyke ineengestort, hul vonke amper weg.

And when the whip or club struck again, the sparks fluttered weakly.
En toe die sweep of knuppel weer slaan, het die vonke swak gefladder.

Then they rose, staggered forward, and dragged their limbs ahead.
Toe het hulle opgestaan, vorentoe gestruikel en hul ledemate vorentoe gesleep.

One day kind Billee fell and could no longer rise at all.
Eendag het die vriendelike Billee geval en kon glad nie meer opstaan nie.

Hal had traded his revolver, so he used an axe to kill Billee instead.

Hal het sy rewolwer verruil, so hy het eerder 'n byl gebruik om Billee dood te maak.

He struck him on the head, then cut his body free and dragged it away.

Hy het hom op die kop geslaan, toe sy liggaam losgesny en dit weggesleep.

Buck saw this, and so did the others; they knew death was near.

Buck het dit gesien, en die ander ook; hulle het geweet die dood was naby.

Next day Koona went, leaving just five dogs in the starving team.

Die volgende dag het Koona gegaan en net vyf honde in die uitgehongerde span agtergelaat.

Joe, no longer mean, was too far gone to be aware of much at all.

Joe, nie meer gemeen nie, was te ver heen om hoegenaamd van veel bewus te wees.

Pike, no longer faking his injury, was barely conscious.

Pike, wat nie meer voorgegee het dat hy beseer is nie, was skaars by sy bewussyn.

Solleks, still faithful, mourned he had no strength to give.

Solleks, steeds getrou, het getreur dat hy geen krag gehad het om te gee nie.

Teek was beaten most because he was fresher, but fading fast.

Teek is die meeste geslaan omdat hy varser was, maar vinnig vervaag het.

And Buck, still in the lead, no longer kept order or enforced it.

En Buck, steeds aan die voorpunt, het nie meer orde gehandhaaf of afgedwing nie.

Half blind with weakness, Buck followed the trail by feel alone.

Halfblind van swakheid, het Buck die spoor alleen op gevoel gevolg.

It was beautiful spring weather, but none of them noticed it.

Dit was pragtige lenteweer, maar niemand van hulle het dit opgemerk nie.

Each day the sun rose earlier and set later than before.
Elke dag het die son vroeër opgekom en later ondergegaan as voorheen.

By three in the morning, dawn had come; twilight lasted till nine.
Teen drie-uur die oggend het die dagbreek aangebreek; die skemer het tot nege-uur geduur.

The long days were filled with the full blaze of spring sunshine.
Die lang dae was gevul met die volle gloed van lentesonskyn.

The ghostly silence of winter had changed into a warm murmur.
Die spookagtige stilte van die winter het verander in 'n warm gemompel.

All the land was waking, alive with the joy of living things.
Die hele land het wakker geword, lewendig met die vreugde van lewende dinge.

The sound came from what had lain dead and still through winter.
Die geluid het gekom van wat dood en stil deur die winter gelê het.

Now, those things moved again, shaking off the long frost sleep.
Nou het daardie dinge weer beweeg, en die lang ryp slaap afgeskud.

Sap was rising through the dark trunks of the waiting pine trees.
Sap het deur die donker stamme van die wagtende dennebome gestyg.

Willows and aspens burst out bright young buds on each twig.
Wilgers en espe bars helder jong knoppe aan elke takkie uit.

Shrubs and vines put on fresh green as the woods came alive.

Struike en wingerdstokke het vars groen aangetrek toe die woude lewendig geword het.

Crickets chirped at night, and bugs crawled in daylight sun.
Krieke het snags getjirp, en goggas het in die dagligson gekruip.

Partridges boomed, and woodpeckers knocked deep in the trees.
Patryse het gedreun, en houtkappers het diep in die bome geklop.

Squirrels chattered, birds sang, and geese honked over the dogs.
Eekhorings het gesels, voëls het gesing, en ganse het oor die honde getoeter.

The wild-fowl came in sharp wedges, flying up from the south.
Die wilde voëls het in skerp wiggies gekom, opgevlieg uit die suide.

From every hillside came the music of hidden, rushing streams.
Van elke heuwelhang het die musiek van verborge, ruisende strome gekom.

All things thawed and snapped, bent and burst back into motion.
Alles het ontdooi en gebreek, gebuig en weer in beweging gekom.

The Yukon strained to break the cold chains of frozen ice.
Die Yukon het gesukkel om die koue kettings van bevrore ys te breek.

The ice melted underneath, while the sun melted it from above.
Die ys het onder gesmelt, terwyl die son dit van bo af gesmelt het.

Air-holes opened, cracks spread, and chunks fell into the river.
Luggate het oopgegaan, krake het versprei, en stukke het in die rivier geval.

Amid all this bursting and blazing life, the travelers staggered.
Te midde van al hierdie barsende en brandende lewe het die reisigers gestruikel.

Two men, a woman, and a pack of huskies walked like the dead.
Twee mans, 'n vrou en 'n trop husky's het soos dooies geloop.

The dogs were falling, Mercedes wept, but still rode the sled.
Die honde het geval, Mercedes het gehuil, maar het steeds op die slee gery.

Hal cursed weakly, and Charles blinked through watering eyes.
Hal het swak gevloek, en Charles het deur traanende oë geknipper.

They stumbled into John Thornton's camp by White River's mouth.
Hulle het John Thornton se kamp by die monding van White River binnegestrompel.

When they stopped, the dogs dropped flat, as if all struck dead.
Toe hulle stop, het die honde plat geval, asof almal doodgeslaan het.

Mercedes wiped her tears and looked across at John Thornton.
Mercedes het haar trane afgevee en na John Thornton gekyk.

Charles sat on a log, slowly and stiffly, aching from the trail.
Charles het stadig en styf op 'n stomp gesit, pynlik van die paadjie.

Hal did the talking as Thornton carved the end of an axe-handle.
Hal het die praatwerk gedoen terwyl Thornton die punt van 'n bylsteel gekerf het.

He whittled birch wood and answered with brief, firm replies.
Hy het berkehout gekap en met kort, ferm antwoorde geantwoord.

When asked, he gave advice, certain it wasn't going to be followed.
Toe hy gevra is, het hy raad gegee, seker dat dit nie gevolg sou word nie.
Hal explained, "They told us the trail ice was dropping out."
Hal het verduidelik: "Hulle het vir ons gesê die ys op die roete val weg."
"They said we should stay put—but we made it to White River."
"Hulle het gesê ons moet bly waar ons is—maar ons het dit tot by Witrivier gemaak."
He ended with a sneering tone, as if to claim victory in hardship.
Hy het met 'n spottende toon afgesluit, asof hy oorwinning in ontbering wou eis.
"And they told you true," John Thornton answered Hal quietly.
"En hulle het jou die waarheid vertel," het John Thornton stil vir Hal geantwoord.
"The ice may give way at any moment—it's ready to drop out."
"Die ys kan enige oomblik meegee—dit is gereed om af te val."
"Only blind luck and fools could have made it this far alive."
"Slegs blinde geluk en dwase kon dit so ver gemaak het."
"I tell you straight, I wouldn't risk my life for all Alaska's gold."
"Ek sê vir jou reguit, ek sou nie my lewe waag vir al Alaska se goud nie."
"That's because you're not a fool, I suppose," Hal answered.
"Dis omdat jy nie 'n dwaas is nie, neem ek aan," het Hal geantwoord.
"All the same, we'll go on to Dawson." He uncoiled his whip.
"Tog gaan ons aan na Dawson." Hy het sy sweep afgerol.
"Get up there, Buck! Hi! Get up! Go on!" he shouted harshly.

"Klim op daar, Buck! Haai! Staan op! Gaan aan!" het hy hard geskree.

Thornton kept whittling, knowing fools won't hear reason.
Thornton het aanhou skraap, wetende dat dwase nie na rede sal luister nie.

To stop a fool was futile—and two or three fooled changed nothing.
Om 'n dwaas te keer was tevergeefs—en twee of drie dwase het niks verander nie.

But the team didn't move at the sound of Hal's command.
Maar die span het nie beweeg op die geluid van Hal se bevel nie.

By now, only blows could make them rise and pull forward.
Teen hierdie tyd kon slegs houe hulle laat opstaan en vorentoe trek.

The whip snapped again and again across the weakened dogs.
Die sweep het oor en oor die verswakte honde geklap.

John Thornton pressed his lips tightly and watched in silence.
John Thornton het sy lippe styf vasgedruk en in stilte gekyk.

Solleks was the first to crawl to his feet under the lash.
Solleks was die eerste wat onder die sweep orent gekruip het.

Then Teek followed, trembling. Joe yelped as he stumbled up.
Toe volg Teek, bewerig. Joe gil toe hy opstapel.

Pike tried to rise, failed twice, then finally stood unsteadily.
Pike het probeer opstaan, twee keer misluk, en toe uiteindelik onvas gestaan.

But Buck lay where he had fallen, not moving at all this time.
Maar Buck het gelê waar hy geval het, glad nie hierdie keer beweeg nie.

The whip slashed him over and over, but he made no sound.
Die sweep het hom oor en oor geslaan, maar hy het geen geluid gemaak nie.

He did not flinch or resist, simply remained still and quiet.

Hy het nie teruggedeins of weerstand gebied nie, maar
eenvoudig stil en stil gebly.

Thornton stirred more than once, as if to speak, but didn't.
Thornton het meer as een keer geroer, asof hy wou praat,
maar het nie.

His eyes grew wet, and still the whip cracked against Buck.
Sy oë het nat geword, en die sweep het steeds teen Buck
geklap.

At last, Thornton began pacing slowly, unsure of what to do.
Uiteindelik het Thornton stadig begin loop, onseker oor wat
om te doen.

It was the first time Buck had failed, and Hal grew furious.
Dit was die eerste keer dat Buck misluk het, en Hal het
woedend geword.

He threw down the whip and picked up the heavy club instead.
Hy het die sweep neergegooi en eerder die swaar knuppel
opgetel.

The wooden club came down hard, but Buck still did not rise to move.
Die houtknuppel het hard neergekom, maar Buck het steeds
nie opgestaan om te beweeg nie.

Like his teammates, he was too weak—but more than that.
Soos sy spanmaats, was hy te swak—maar meer as dit.

Buck had decided not to move, no matter what came next.
Buck het besluit om nie te trek nie, maak nie saak wat
volgende gebeur nie.

He felt something dark and certain hovering just ahead.
Hy het iets donker en seker net voor hom gevoel.

That dread had seized him as soon as he reached the riverbank.
Daardie vrees het hom beetgepak sodra hy die rivieroewer
bereik het.

The feeling had not left him since he felt the ice thin under his paws.
Die gevoel het hom nie verlaat vandat hy die ys dun onder sy
pote gevoel het nie.

Something terrible was waiting—he felt it just down the trail.
Iets verskrikliks het gewag—hy het dit net langs die paadjie gevoel.
He wasn't going to walk towards that terrible thing ahead
Hy sou nie na daardie verskriklike ding voor hom stap nie.
He was not going to obey any command that took him to that thing.
Hy sou geen bevel gehoorsaam wat hom na daardie ding gelei het nie.
The pain of the blows hardly touched him now—he was too far gone.
Die pyn van die houe het hom nou skaars geraak—hy was te ver heen.
The spark of life flickered low, dimmed beneath each cruel strike.
Die vonk van die lewe het laag geflikker, dof onder elke wrede hou.
His limbs felt distant; his whole body seemed to belong to another.
Sy ledemate het ver weg gevoel; sy hele liggaam het gelyk of dit aan 'n ander behoort.
He felt a strange numbness as the pain faded out completely.
Hy het 'n vreemde gevoelloosheid gevoel toe die pyn heeltemal verdwyn het.
From far away, he sensed he was being beaten, but barely knew.
Van ver af het hy aangevoel dat hy geslaan word, maar hy het skaars geweet.
He could hear the thuds faintly, but they no longer truly hurt.
Hy kon die dowwe geluide vaagweg hoor, maar hulle het nie meer regtig seergemaak nie.
The blows landed, but his body no longer seemed like his own.

Die houe het getref, maar sy liggaam het nie meer soos sy eie gevoel nie.

Then suddenly, without warning, John Thornton gave a wild cry.

Toe skielik, sonder waarskuwing, het John Thornton 'n wilde kreet gegee.

It was inarticulate, more the cry of a beast than of a man.

Dit was onartikulêr, meer die geroep van 'n dier as van 'n mens.

He leapt at the man with the club and knocked Hal backward.

Hy het na die man met die knuppel gespring en Hal agteroor geslaan.

Hal flew as if struck by a tree, landing hard upon the ground.

Hal het gevlieg asof hy deur 'n boom getref is en hard op die grond geland.

Mercedes screamed aloud in panic and clutched at her face.

Mercedes het hardop in paniek geskree en na haar gesig gegryp.

Charles only looked on, wiped his eyes, and stayed seated.

Charles het net toegekyk, sy oë afgevee en bly sit.

His body was too stiff with pain to rise or help in the fight.

Sy liggaam was te styf van pyn om op te staan of in die geveg te help.

Thornton stood over Buck, trembling with fury, unable to speak.

Thornton het oor Buck gestaan, bewerig van woede, nie in staat om te praat nie.

He shook with rage and fought to find his voice through it.

Hy het van woede gebewe en gesukkel om sy stem daardeur te vind.

"If you strike that dog again, I'll kill you," he finally said.

"As jy daardie hond weer slaan, sal ek jou doodmaak," het hy uiteindelik gesê.

Hal wiped blood from his mouth and came forward again.

Hal het bloed van sy mond afgevee en weer vorentoe gekom.

"It's my dog," he muttered. "Get out of the way, or I'll fix you."

"Dis my hond," het hy gemompel. "Gaan uit die pad uit, anders maak ek jou reg."

"I'm going to Dawson, and you're not stopping me," he added.

"Ek gaan na Dawson, en jy keer my nie," het hy bygevoeg.

Thornton stood firm between Buck and the angry young man.

Thornton het ferm tussen Buck en die kwaai jongman gestaan.

He had no intention of stepping aside or letting Hal pass.

Hy het geen voorneme gehad om opsy te tree of Hal te laat verbygaan nie.

Hal pulled out his hunting knife, long and dangerous in hand.

Hal het sy jagmes uitgehaal, lank en gevaarlik in die hand.

Mercedes screamed, then cried, then laughed in wild hysteria.

Mercedes het geskree, toe gehuil, toe in wilde histerie gelag.

Thornton struck Hal's hand with his axe-handle, hard and fast.

Thornton het Hal se hand met sy bylsteel geslaan, hard en vinnig.

The knife was knocked loose from Hal's grip and flew to the ground.

Die mes is uit Hal se greep losgeslaan en het grond toe geval.

Hal tried to pick the knife up, and Thornton rapped his knuckles again.

Hal het probeer om die mes op te tel, en Thornton het weer op sy kneukels geklop.

Then Thornton stooped down, grabbed the knife, and held it.

Toe buk Thornton vooroor, gryp die mes en hou dit vas.

With two quick chops of the axe-handle, he cut Buck's reins.

Met twee vinnige houe van die bylsteel het hy Buck se teuels afgesny.

Hal had no fight left in him and stepped back from the dog.

Hal het geen stryd meer in hom gehad nie en het van die hond teruggetree.

Besides, Mercedes needed both arms now to keep her upright.
Boonop het Mercedes nou albei arms nodig gehad om haar regop te hou.

Buck was too near death to be of use for pulling a sled again.
Buck was te naby aan die dood om weer van nut te wees om 'n slee te trek.

A few minutes later, they pulled out, heading down the river.
'n Paar minute later het hulle uitgetrek, met die rivier af.

Buck raised his head weakly and watched them leave the bank.
Buck het sy kop swak opgelig en gekyk hoe hulle die bank verlaat.

Pike led the team, with Solleks at the rear in the wheel spot.
Pike het die span gelei, met Solleks agter in die wielposisie.

Joe and Teek walked between, both limping with exhaustion.
Joe en Teek het tussenin geloop, albei mank van uitputting.

Mercedes sat on the sled, and Hal gripped the long gee-pole.
Mercedes het op die slee gesit, en Hal het die lang gee-stok vasgegryp.

Charles stumbled behind, his steps clumsy and uncertain.
Charles het agteruit gestruikel, sy treë lomp en onseker.

Thornton knelt by Buck and gently felt for broken bones.
Thornton het langs Buck gekniel en saggies vir gebreekte bene gevoel.

His hands were rough but moved with kindness and care.
Sy hande was grof, maar het met vriendelikheid en sorg beweeg.

Buck's body was bruised but showed no lasting injury.
Buck se liggaam was gekneus, maar het geen blywende beserings getoon nie.

What remained was terrible hunger and near-total weakness.

Wat oorgebly het, was verskriklike honger en byna totale swakheid.

By the time this was clear, the sled had gone far downriver.
Teen die tyd dat dit duidelik was, het die slee al ver stroomaf gegaan.

Man and dog watched the sled slowly crawl over the cracking ice.
Man en hond het gekyk hoe die slee stadig oor die krakende ys kruip.

Then, they saw the sled sink down into a hollow.
Toe sien hulle hoe die slee in 'n holte wegsink.

The gee-pole flew up, with Hal still clinging to it in vain.
Die gee-paal het opgevlieg, met Hal wat steeds tevergeefs daaraan vasklou.

Mercedes's scream reached them across the cold distance.
Mercedes se gil het hulle oor die koue verte bereik.

Charles turned and stepped back—but he was too late.
Charles het omgedraai en teruggetree—maar hy was te laat.

A whole ice sheet gave way, and they all dropped through.
'n Hele ysplaat het meegegee, en hulle het almal deurgeval.

Dogs, sled, and people vanished into the black water below.
Honde, sleeë en mense het in die swart water onder verdwyn.

Only a wide hole in the ice was left where they had passed.
Net 'n wye gat in die ys het oorgebly waar hulle verbygegaan het.

The trail's bottom had dropped out—just as Thornton warned.
Die roete se bodem het uitgeval—net soos Thornton gewaarsku het.

Thornton and Buck looked at one another, silent for a moment.
Thornton en Buck het mekaar vir 'n oomblik stil aangekyk.

"You poor devil," said Thornton softly, and Buck licked his hand.
"Jou arme duiwel," het Thornton saggies gesê, en Buck het sy hand gelek.

For the Love of a Man
Vir die liefde van 'n man

John Thornton froze his feet in the cold of the previous December.
John Thornton het sy voete gevries in die koue van die vorige Desember.

His partners made him comfortable and left him to recover alone.
Sy vennote het hom gemaklik gemaak en hom alleen gelaat om te herstel.

They went up the river to gather a raft of saw-logs for Dawson.
Hulle het die rivier opgegaan om 'n vlot saagstompe vir Dawson bymekaar te maak.

He was still limping slightly when he rescued Buck from death.
Hy het nog effens mank geloop toe hy Buck van die dood gered het.

But with warm weather continuing, even that limp disappeared.
Maar met die warm weer wat voortduur, het selfs daardie mankheid verdwyn.

Lying by the riverbank during long spring days, Buck rested.
Terwyl hy gedurende lang lentedae langs die rivieroewer gelê het, het Buck gerus.

He watched the flowing water and listened to birds and insects.
Hy het die vloeiende water dopgehou en na voëls en insekte geluister.

Slowly, Buck regained his strength under the sun and sky.
Stadig het Buck sy krag onder die son en lug herwin.

A rest felt wonderful after traveling three thousand miles.
'n Rus het wonderlik gevoel na drieduisend myl se reis.

Buck became lazy as his wounds healed and his body filled out.

Buck het lui geword soos sy wonde genees het en sy liggaam vol geword het.

His muscles grew firm, and flesh returned to cover his bones.

Sy spiere het stewig geword, en vlees het teruggekeer om sy bene te bedek.

They were all resting—Buck, Thornton, Skeet, and Nig.

Hulle het almal gerus—Buck, Thornton, Skeet en Nig.

They waited for the raft that was going to carry them down to Dawson.

Hulle het gewag vir die vlot wat hulle na Dawson sou dra.

Skeet was a small Irish setter who made friends with Buck.

Skeet was 'n klein Ierse setter wat vriende gemaak het met Buck.

Buck was too weak and ill to resist her at their first meeting.

Buck was te swak en siek om haar tydens hul eerste ontmoeting te weerstaan.

Skeet had the healer trait that some dogs naturally possess.

Skeet het die geneserstrek gehad wat sommige honde natuurlik besit.

Like a mother cat, she licked and cleaned Buck's raw wounds.

Soos 'n moederkat het sy Buck se rou wonde gelek en skoongemaak.

Every morning after breakfast, she repeated her careful work.

Elke oggend na ontbyt het sy haar noukeurige werk herhaal.

Buck came to expect her help as much as he did Thornton's.

Buck het haar hulp net soveel verwag as Thornton s'n.

Nig was friendly too, but less open and less affectionate.

Nig was ook vriendelik, maar minder oop en minder liefdevol.

Nig was a big black dog, part bloodhound and part deerhound.

Nig was 'n groot swart hond, deels bloedhond en deels herthond.

He had laughing eyes and endless good nature in his spirit.

Hy het laggende oë en 'n eindelose goeie geaardheid in sy gees gehad.

To Buck's surprise, neither dog showed jealousy toward him.

Tot Buck se verbasing het nie een van die honde jaloesie teenoor hom getoon nie.

Both Skeet and Nig shared the kindness of John Thornton.

Beide Skeet en Nig het die vriendelikheid van John Thornton gedeel.

As Buck got stronger, they lured him into foolish dog games.

Soos Buck sterker geword het, het hulle hom in dwase hondespeletjies gelok.

Thornton often played with them too, unable to resist their joy.

Thornton het ook dikwels saam met hulle gespeel, nie in staat om hul vreugde te weerstaan nie.

In this playful way, Buck moved from illness to a new life.

Op hierdie speelse manier het Buck van siekte na 'n nuwe lewe oorgegaan.

Love—true, burning, and passionate love—was his at last.

Liefde—ware, brandende en passievolle liefde—was uiteindelik syne.

He had never known this kind of love at Miller's estate.

Hy het nog nooit hierdie soort liefde op Miller se landgoed geken nie.

With the Judge's sons, he had shared work and adventure.

Met die Regter se seuns het hy werk en avontuur gedeel.

With the grandsons, he saw stiff and boastful pride.

By die kleinseuns het hy stywe en grootpraterige trots gesien.

With Judge Miller himself, he had a respectful friendship.

Met Regter Miller self het hy 'n respekvolle vriendskap gehad.

But love that was fire, madness, and worship came with Thornton.

Maar liefde wat vuur, waansin en aanbidding was, het saam met Thornton gekom.

This man had saved Buck's life, and that alone meant a great deal.

Hierdie man het Buck se lewe gered, en dit alleen het baie beteken.

But more than that, John Thornton was the ideal kind of master.

Maar meer as dit, was John Thornton die ideale soort meester.

Other men cared for dogs out of duty or business necessity.

Ander mans het uit plig of sakebehoeftes na honde omgesien.

John Thornton cared for his dogs as if they were his children.

John Thornton het vir sy honde gesorg asof hulle sy kinders was.

He cared for them because he loved them and simply could not help it.

Hy het vir hulle omgegee omdat hy hulle liefgehad het en dit eenvoudig nie kon help nie.

John Thornton saw even further than most men ever managed to see.

John Thornton het selfs verder gesien as wat die meeste mans ooit kon sien.

He never forgot to greet them kindly or speak a cheering word.

Hy het nooit vergeet om hulle vriendelik te groet of 'n opbeurende woordjie te spreek nie.

He loved sitting down with the dogs for long talks, or "gassy," as he said.

Hy was mal daaroor om saam met die honde te sit vir lang gesprekke, of "gassig", soos hy gesê het.

He liked to seize Buck's head roughly between his strong hands.

Hy het daarvan gehou om Buck se kop ruweg tussen sy sterk hande te gryp.

Then he rested his own head against Buck's and shook him gently.

Toe het hy sy eie kop teen Buck s'n laat rus en hom saggies geskud.

All the while, he called Buck rude names that meant love to Buck.

Die hele tyd het hy Buck onbeskofte name genoem wat vir Buck liefde beteken het.
To Buck, that rough embrace and those words brought deep joy.
Vir Buck het daardie growwe omhelsing en daardie woorde diepe vreugde gebring.
His heart seemed to shake loose with happiness at each movement.
Sy hart het met elke beweging losgebewe van geluk.
When he sprang up afterward, his mouth looked like it laughed.
Toe hy daarna opspring, het sy mond gelyk asof dit lag.
His eyes shone brightly and his throat trembled with unspoken joy.
Sy oë het helder geskyn en sy keel het gebewe van onuitgesproke vreugde.
His smile stood still in that state of emotion and glowing affection.
Sy glimlag het stilgestaan in daardie toestand van emosie en gloeiende toegeneentheid.
Then Thornton exclaimed thoughtfully, "God! he can almost speak!"
Toe roep Thornton peinsend uit: "God! Hy kan amper praat!"
Buck had a strange way of expressing love that nearly caused pain.
Buck het 'n vreemde manier gehad om liefde uit te druk wat amper pyn veroorsaak het.
He often griped Thornton's hand in his teeth very tightly.
Hy het Thornton se hand dikwels baie styf tussen sy tande vasgegryp.
The bite was going to leave deep marks that stayed for some time after.
Die byt sou diep merke laat wat nog 'n rukkie daarna gebly het.
Buck believed those oaths were love, and Thornton knew the same.

Buck het geglo dat daardie ede liefde was, en Thornton het dieselfde geweet.

Most often, Buck's love showed in quiet, almost silent adoration.

Meestal het Buck se liefde in stil, amper stille aanbidding gewys.

Though thrilled when touched or spoken to, he did not seek attention.

Alhoewel hy opgewonde was wanneer hy aangeraak of met hom gepraat is, het hy nie aandag gesoek nie.

Skeet nudged her nose under Thornton's hand until he petted her.

Skeet het haar neus onder Thornton se hand gestamp totdat hy haar gestreel het.

Nig walked up quietly and rested his large head on Thornton's knee.

Nig het stil aangestap en sy groot kop op Thornton se knie laat rus.

Buck, in contrast, was satisfied to love from a respectful distance.

Buck, daarenteen, was tevrede om van 'n respekvolle afstand lief te hê.

He lied for hours at Thornton's feet, alert and watching closely.

Hy het ure lank aan Thornton se voete gelê, waaksaam en fyn dopgehou.

Buck studied every detail of his master's face and slightest motion.

Buck het elke detail van sy meester se gesig en geringste beweging bestudeer.

Or lied farther away, studying the man's shape in silence.

Of verder weg gelieg, die man se vorm in stilte bestudeer.

Buck watched each small move, each shift in posture or gesture.

Buck het elke klein beweging, elke verandering in postuur of gebaar dopgehou.

So powerful was this connection that often pulled Thornton's gaze.
So kragtig was hierdie verbintenis dat dit Thornton se blik dikwels getrek het.

He met Buck's eyes with no words, love shining clearly through.
Hy het Buck se oë sonder woorde ontmoet, liefde wat duidelik deurskyn.

For a long while after being saved, Buck never let Thornton out of sight.
Vir 'n lang ruk nadat hy gered is, het Buck Thornton nooit uit sig gelaat nie.

Whenever Thornton left the tent, Buck followed him closely outside.
Wanneer Thornton die tent verlaat het, het Buck hom noukeurig buite gevolg.

All the harsh masters in the Northland had made Buck afraid to trust.
Al die harde meesters in die Noordland het Buck bang gemaak om te vertrou.

He feared no man could remain his master for more than a short time.
Hy het gevrees dat geen man vir langer as 'n kort tydjie sy meester kon bly nie.

He feared John Thornton was going to vanish like Perrault and François.
Hy het gevrees dat John Thornton sou verdwyn soos Perrault en François.

Even at night, the fear of losing him haunted Buck's restless sleep.
Selfs snags het die vrees om hom te verloor Buck se rustelose slaap teister.

When Buck woke, he crept out into the cold, and went to the tent.
Toe Buck wakker word, het hy in die koue uitgekruip en na die tent gegaan.

He listened carefully for the soft sound of breathing inside.

Hy het aandagtig geluister na die sagte geluid van asemhaling binne.

Despite Buck's deep love for John Thornton, the wild stayed alive.

Ten spyte van Buck se diep liefde vir John Thornton, het die wildernis aan die lewe gebly.

That primitive instinct, awakened in the North, did not disappear.

Daardie primitiewe instink, wat in die Noorde ontwaak het, het nie verdwyn nie.

Love brought devotion, loyalty, and the fire-side's warm bond.

Liefde het toewyding, lojaliteit en die warm band van die vuurkant gebring.

But Buck also kept his wild instincts, sharp and ever alert.

Maar Buck het ook sy wilde instinkte skerp en altyd waaksaam behou.

He was not just a tamed pet from the soft lands of civilization.

Hy was nie net 'n getemde troeteldier uit die sagte lande van die beskawing nie.

Buck was a wild being who had come in to sit by Thornton's fire.

Buck was 'n wilde wese wat ingekom het om by Thornton se vuur te sit.

He looked like a Southland dog, but wildness lived within him.

Hy het gelyk soos 'n Suidland-hond, maar wildheid het in hom gewoon.

His love for Thornton was too great to allow theft from the man.

Sy liefde vir Thornton was te groot om diefstal van die man toe te laat.

But in any other camp, he would steal boldly and without pause.

Maar in enige ander kamp sou hy dapper en sonder om te pouseer steel.

He was so clever in stealing that no one could catch or accuse him.
Hy was so slim met steel dat niemand hom kon vang of beskuldig nie.

His face and body were covered in scars from many past fights.
Sy gesig en liggaam was bedek met letsels van talle vorige gevegte.

Buck still fought fiercely, but now he fought with more cunning.
Buck het steeds woes geveg, maar nou het hy met meer listigheid geveg.

Skeet and Nig were too gentle to fight, and they were Thornton's.
Skeet en Nig was te saggeaard om te veg, en hulle was Thornton s'n.

But any strange dog, no matter how strong or brave, gave way.
Maar enige vreemde hond, maak nie saak hoe sterk of dapper nie, het padgegee.

Otherwise, the dog found itself battling Buck; fighting for its life.
Andersins het die hond homself bevind in die stryd teen Buck; veg vir sy lewe.

Buck had no mercy once he chose to fight against another dog.
Buck het geen genade gehad toe hy gekies het om teen 'n ander hond te veg nie.

He had learned well the law of club and fang in the Northland.
Hy het die wet van knuppel en slagtand in die Noordland goed geleer.

He never gave up an advantage and never backed away from battle.
Hy het nooit 'n voordeel prysgegee nie en nooit van die geveg teruggedeins nie.

He had studied Spitz and the fiercest dogs of mail and police.
Hy het Spitz en die felste honde van pos en polisie bestudeer.
He knew clearly there was no middle ground in wild combat.
Hy het duidelik geweet daar was geen middelweg in wilde gevegte nie.
He must rule or be ruled; showing mercy meant showing weakness.
Hy moet regeer of regeer word; om genade te toon, het beteken om swakheid te toon.
Mercy was unknown in the raw and brutal world of survival.
Genade was onbekend in die rou en brutale wêreld van oorlewing.
To show mercy was seen as fear, and fear led quickly to death.
Om genade te betoon is as vrees gesien, en vrees het vinnig tot die dood gelei.
The old law was simple: kill or be killed, eat or be eaten.
Die ou wet was eenvoudig: doodmaak of doodgemaak word, eet of geëet word.
That law came from the depths of time, and Buck followed it fully.
Daardie wet het uit die dieptes van tyd gekom, en Buck het dit ten volle gevolg.
Buck was older than his years and the number of breaths he took.
Buck was ouer as sy jare en die aantal asemteue wat hy geneem het.
He connected the ancient past with the present moment clearly.
Hy het die antieke verlede duidelik met die huidige oomblik verbind.
The deep rhythms of the ages moved through him like the tides.

Die diep ritmes van die eeue het deur hom beweeg soos die getye.
Time pulsed in his blood as surely as seasons moved the earth.
Tyd het in sy bloed gepulseer so seker soos seisoene die aarde beweeg het.
He sat by Thornton's fire, strong-chested and white-fanged.
Hy het by Thornton se vuur gesit, met 'n sterk bors en wit tande.
His long fur waved, but behind him the spirits of wild dogs watched.
Sy lang pels het gewaai, maar agter hom het die geeste van wildehonde gekyk.
Half-wolves and full wolves stirred within his heart and senses.
Halfwolwe en volle wolwe het in sy hart en sintuie geroer.
They tasted his meat and drank the same water that he did.
Hulle het sy vleis geproe en dieselfde water gedrink as wat hy gedoen het.
They sniffed the wind alongside him and listened to the forest.
Hulle het die wind langs hom geruik en na die woud geluister.
They whispered the meanings of the wild sounds in the darkness.
Hulle het die betekenisse van die wilde geluide in die donkerte gefluister.
They shaped his moods and guided each of his quiet reactions.
Hulle het sy gemoedstoestand gevorm en elkeen van sy stil reaksies gelei.
They lay with him as he slept and became part of his deep dreams.
Hulle het by hom gelê terwyl hy geslaap het en deel geword van sy diep drome.
They dreamed with him, beyond him, and made up his very spirit.

Hulle het saam met hom gedroom, verder as hom, en sy gees opgemaak.

The spirits of the wild called so strongly that Buck felt pulled.

Die geeste van die wildernis het so sterk geroep dat Buck gevoel het of hulle hom aangetrek het.

Each day, mankind and its claims grew weaker in Buck's heart.

Elke dag het die mensdom en sy eise swakker geword in Buck se hart.

Deep in the forest, a strange and thrilling call was going to rise.

Diep in die woud sou 'n vreemde en opwindende roep opkom.

Every time he heard the call, Buck felt an urge he could not resist.

Elke keer as hy die roep gehoor het, het Buck 'n drang gevoel wat hy nie kon weerstaan nie.

He was going to turn from the fire and from the beaten human paths.

Hy sou van die vuur en van die gebaande menslike paaie afwyk.

He was going to plunge into the forest, going forward without knowing why.

Hy was op pad die woud in te stort, vorentoe te gaan sonder om te weet hoekom.

He did not question this pull, for the call was deep and powerful.

Hy het hierdie aantrekkingskrag nie bevraagteken nie, want die roepstem was diep en kragtig.

Often, he reached the green shade and soft untouched earth

Dikwels het hy die groen skaduwee en sagte, ongerepte aarde bereik

But then the strong love for John Thornton pulled him back to the fire.

Maar toe trek die sterk liefde vir John Thornton hom terug na die vuur.

Only John Thornton truly held Buck's wild heart in his grasp.
Slegs John Thornton het Buck se wilde hart werklik in sy greep gehou.
The rest of mankind had no lasting value or meaning to Buck.
Die res van die mensdom het geen blywende waarde of betekenis vir Buck gehad nie.
Strangers might praise him or stroke his fur with friendly hands.
Vreemdelinge mag hom prys of sy pels met vriendelike hande streel.
Buck remained unmoved and walked off from too much affection.
Buck het onbewogen gebly en weggeloop weens te veel liefde.
Hans and Pete arrived with the raft that had long been awaited
Hans en Pete het aangekom met die vlot wat lank verwag is.
Buck ignored them until he learned they were close to Thornton.
Buck het hulle geïgnoreer totdat hy uitgevind het dat hulle naby Thornton was.
After that, he tolerated them, but never showed them full warmth.
Daarna het hy hulle verdra, maar nooit volle warmte aan hulle getoon nie.
He took food or kindness from them as if doing them a favor.
Hy het kos of vriendelikheid van hulle geneem asof hy hulle 'n guns bewys het.
They were like Thornton—simple, honest, and clear in thought.
Hulle was soos Thornton—eenvoudig, eerlik en helder in denke.
All together they traveled to Dawson's saw-mill and the great eddy

Almal saam het hulle na Dawson se saagmeule en die groot draaikolk gereis

On their journey the learned to understand Buck's nature deeply.
Op hul reis het hulle geleer om Buck se aard diep te verstaan.

They did not try to grow close like Skeet and Nig had done.
Hulle het nie probeer om nader aan mekaar te kom soos Skeet en Nig gedoen het nie.

But Buck's love for John Thornton only deepened over time.
Maar Buck se liefde vir John Thornton het mettertyd net verdiep.

Only Thornton could place a pack on Buck's back in the summer.
Slegs Thornton kon in die somer 'n pak op Buck se rug plaas.

Whatever Thornton commanded, Buck was willing to do fully.
Wat Thornton ook al beveel het, Buck was bereid om ten volle te doen.

One day, after they left Dawson for the headwaters of the Tanana,
Eendag, nadat hulle Dawson verlaat het vir die oorsprong van die Tanana,

the group sat on a cliff that dropped three feet to bare bedrock.
Die groep het op 'n krans gesit wat drie voet tot by die kaal rotsbodem gedaal het.

John Thornton sat near the edge, and Buck rested beside him.
John Thornton het naby die rand gesit, en Buck het langs hom gerus.

Thornton had a sudden thought and called the men's attention.
Thornton het skielik 'n gedagte gehad en die mans se aandag getrek.

He pointed across the chasm and gave Buck a single command.
Hy het oor die kloof gewys en vir Buck 'n enkele bevel gegee.

"Jump, Buck!" he said, swinging his arm out over the drop.
"Spring, Buck!" het hy gesê en sy arm oor die vallei geswaai.
In a moment, he had to grab Buck, who was leaping to obey.
Binne 'n oomblik moes hy Buck gryp, wat opgespring het om te gehoorsaam.
Hans and Pete rushed forward and pulled both back to safety.
Hans en Pete het vorentoe gehardloop en albei terug na veiligheid getrek.
After all ended, and they had caught their breath, Pete spoke up.
Nadat alles verby was, en hulle asemgehaal het, het Pete gepraat.
"The love's uncanny," he said, shaken by the dog's fierce devotion.
"Die liefde is ongelooflik," het hy gesê, geskud deur die hond se vurige toewyding.
Thornton shook his head and replied with calm seriousness.
Thornton het sy kop geskud en met kalm erns geantwoord.
"No, the love is splendid," he said, "but also terrible."
"Nee, die liefde is wonderlik," het hy gesê, "maar ook verskriklik."
"Sometimes, I must admit, this kind of love makes me afraid."
"Soms, moet ek erken, maak hierdie soort liefde my bang."
Pete nodded and said, "I'd hate to be the man who touches you."
Pete het geknik en gesê: "Ek sou dit haat om die man te wees wat jou aanraak."
He looked at Buck as he spoke, serious and full of respect.
Hy het na Buck gekyk terwyl hy gepraat het, ernstig en vol respek.
"Py Jingo!" said Hans quickly. "Me either, no sir."
"Py Jingo!" sê Hans vinnig. "Ek ook nie, meneer."

Before the year ended, Pete's fears came true at Circle City.

Voor die einde van die jaar het Pete se vrese by Circle City waar geword.

A cruel man named Black Burton picked a fight in the bar.
'n Wrede man met die naam Black Burton het 'n bakleiery in die kroeg begin.

He was angry and malicious, lashing out at a new tenderfoot.
Hy was kwaad en kwaadwillig, en het teen 'n nuwe teervoet uitgevaar.

John Thornton stepped in, calm and good-natured as always.
John Thornton het ingegryp, kalm en goedgesind soos altyd.

Buck lay in a corner, head down, watching Thornton closely.
Buck het in 'n hoek gelê, kop na onder, en Thornton stip dopgehou.

Burton suddenly struck, his punch sending Thornton spinning.
Burton het skielik toegeslaan, sy hou het Thornton laat draai.

Only the bar's rail kept him from crashing hard to the ground.
Net die stang se reling het gekeer dat hy hard op die grond neerstort.

The watchers heard a sound that was not bark or yelp
Die kykers het 'n geluid gehoor wat nie blaf of gegil was nie

a deep roar came from Buck as he launched toward the man.
'n Diep gebrul het van Buck gekom toe hy na die man toe hardloop.

Burton threw his arm up and barely saved his own life.
Burton het sy arm in die lug gegooi en skaars sy eie lewe gered.

Buck crashed into him, knocking him flat onto the floor.
Buck het teen hom vasgejaag en hom plat op die vloer neergeslaan.

Buck bit deep into the man's arm, then lunged for the throat.
Buck het diep in die man se arm gebyt en toe na die keel gegryp.

Burton could only partly block, and his neck was torn open.

Burton kon net gedeeltelik blokkeer, en sy nek was oopgeskeur.

Men rushed in, clubs raised, and drove Buck off the bleeding man.
Mans het ingestorm, knuppels gehys en Buck van die bloeiende man afgedryf.

A surgeon worked quickly to stop the blood from flowing out.
'n Chirurg het vinnig gewerk om te keer dat die bloed uitvloei.

Buck paced and growled, trying to attack again and again.
Buck het heen en weer gegrom en probeer aanval.

Only swinging clubs kept him back from reaching Burton.
Slegs swaaistokke het hom daarvan weerhou om Burton te bereik.

A miners' meeting was called and held right there on the spot.
'n Mynwerkersvergadering is daar en daar gehou.

They agreed Buck had been provoked and voted to set him free.
Hulle het saamgestem dat Buck uitgelok is en het gestem om hom vry te laat.

But Buck's fierce name now echoed in every camp in Alaska.
Maar Buck se vurige naam het nou in elke kamp in Alaska weergalm.

Later that fall, Buck saved Thornton again in a new way.
Later daardie herfs het Buck Thornton weer op 'n nuwe manier gered.

The three men were guiding a long boat down rough rapids.
Die drie mans het 'n lang boot deur rowwe stroomversnellings gelei.

Thornton maned the boat, calling directions to the shoreline.
Thornton het die boot beman en aanwysings na die kuslyn geroep.

Hans and Pete ran on land, holding a rope from tree to tree.
Hans en Pete het op land gehardloop en 'n tou van boom tot boom vasgehou.

Buck kept pace on the bank, always watching his master.

Buck het tred gehou op die oewer, altyd besig om sy meester dop te hou.

At one nasty place, rocks jutted out under the fast water.

Op een nare plek het rotse onder die vinnige water uitgesteek.

Hans let go of the rope, and Thornton steered the boat wide.

Hans het die tou losgelaat, en Thornton het die boot wyd gestuur.

Hans sprinted to catch the boat again past the dangerous rocks.

Hans het gesprint om die boot weer verby die gevaarlike rotse te haal.

The boat cleared the ledge but hit a stronger part of the current.

Die boot het die rotsrand oorgesteek, maar 'n sterker deel van die stroom getref.

Hans grabbed the rope too quickly and pulled the boat off balance.

Hans het die tou te vinnig gegryp en die boot uit balans getrek.

The boat flipped over and slammed into the bank, bottom up.

Die boot het omgeslaan en teen die wal gebots, onder na bo.

Thornton was thrown out and swept into the wildest part of the water.

Thornton is uitgegooi en in die wildste deel van die water meegesleur.

No swimmer could have survived in those deadly, racing waters.

Geen swemmer kon in daardie dodelike, jaagwaters oorleef het nie.

Buck jumped in instantly and chased his master down the river.

Buck het dadelik ingespring en sy baas die rivier af gejaag.

After three hundred yards, he reached Thornton at last.

Na driehonderd meter het hy uiteindelik Thornton bereik.

Thornton grabbed Buck's tail, and Buck turned for the shore.

Thornton het Buck se stert gegryp, en Buck het na die strand gedraai.

He swam with full strength, fighting the water's wild drag.
Hy het met volle krag geswem en die water se wilde sleur beveg.

They moved downstream faster than they could reach the shore.
Hulle het vinniger stroomaf beweeg as wat hulle die kus kon bereik.

Ahead, the river roared louder as it fell into deadly rapids.
Voor het die rivier harder gebrul terwyl dit in dodelike stroomversnellings geval het.

Rocks sliced through the water like the teeth of a huge comb.
Rotse het deur die water gesny soos die tande van 'n groot kam.

The pull of the water near the drop was savage and inescapable.
Die aantrekkingskrag van die water naby die druppel was wreed en onontkombaar.

Thornton knew they could never make the shore in time.
Thornton het geweet hulle sou nooit betyds die kus sou haal nie.

He scraped over one rock, smashed across a second,
Hy het oor een rots geskraap, oor 'n tweede een geslaan,

And then he crashed into a third rock, grabbing it with both hands.
En toe bots hy teen 'n derde rots en gryp dit met albei hande.

He let go of Buck and shouted over the roar, "Go, Buck! Go!"
Hy het Buck losgelaat en oor die gebrul geskree: "Gaan, Buck! Gaan!"

Buck could not stay afloat and was swept down by the current.
Buck kon nie drywend bly nie en is deur die stroom meegesleur.

He fought hard, struggling to turn, but made no headway at all.

Hy het hard geveg, gesukkel om om te draai, maar glad nie vordering gemaak nie.

Then he heard Thornton repeat the command over the river's roar.

Toe hoor hy Thornton die bevel oor die rivier se gebrul herhaal.

Buck reared out of the water, raised his head as if for a last look.

Buck het uit die water opgeklim en sy kop opgelig asof hy vir 'n laaste kyk wou gee.

then turned and obeyed, swimming toward the bank with resolve.

toe omgedraai en gehoorsaam, en met vasberadenheid na die oewer geswem.

Pete and Hans pulled him ashore at the final possible moment.

Pete en Hans het hom op die laaste moontlike oomblik aan wal getrek.

They knew Thornton could cling to the rock for only minutes more.

Hulle het geweet Thornton kon net nog minute aan die rots vasklou.

They ran up the bank to a spot far above where he was hanging.

Hulle het teen die wal opgehardloop na 'n plek ver bo waar hy gehang het.

They tied the boat's line to Buck's neck and shoulders carefully.

Hulle het die boot se lyn versigtig aan Buck se nek en skouers vasgemaak.

The rope was snug but loose enough for breathing and movement.

Die tou was styf maar los genoeg vir asemhaling en beweging.

Then they launched him into the rushing, deadly river again.

Toe het hulle hom weer in die bruisende, dodelike rivier gegooi.

Buck swam boldly but missed his angle into the stream's force.
Buck het dapper geswem, maar sy hoek in die stroom se krag gemis.
He saw too late that he was going to drift past Thornton.
Hy het te laat gesien dat hy verby Thornton gaan dryf.
Hans jerked the rope tight, as if Buck were a capsizing boat.
Hans het die tou styf geruk, asof Buck 'n omslaande boot was.
The current pulled him under, and he vanished below the surface.
Die stroom het hom ondertoe getrek, en hy het onder die oppervlak verdwyn.
His body struck the bank before Hans and Pete pulled him out.
Sy liggaam het die wal getref voordat Hans en Pete hom uitgetrek het.
He was half-drowned, and they pounded the water out of him.
Hy was halfverdrink, en hulle het die water uit hom gedrink.
Buck stood, staggered, and collapsed again onto the ground.
Buck het opgestaan, gestruikel en weer op die grond ineengestort.
Then they heard Thornton's voice faintly carried by the wind.
Toe hoor hulle Thornton se stem, vaagweg deur die wind gedra.
Though the words were unclear, they knew he was near death.
Alhoewel die woorde onduidelik was, het hulle geweet dat hy naby die dood was.
The sound of Thornton's voice hit Buck like an electric jolt.
Die geluid van Thornton se stem het Buck soos 'n elektriese skok getref.
He jumped up and ran up the bank, returning to the launch point.
Hy het opgespring en teen die wal op gehardloop, teruggekeer na die beginpunt.

Again they tied the rope to Buck, and again he entered the stream.
Weer het hulle die tou aan Buck vasgemaak, en weer het hy die stroom binnegegaan.
This time, he swam directly and firmly into the rushing water.
Hierdie keer het hy direk en ferm in die stromende water geswem.
Hans let out the rope steadily while Pete kept it from tangling.
Hans het die tou stadig laat los terwyl Pete gekeer het dat dit verstrengel raak.
Buck swam hard until he was lined up just above Thornton.
Buck het hard geswem totdat hy net bokant Thornton in 'n lyn gestaan het.
Then he turned and charged down like a train in full speed.
Toe draai hy om en storm soos 'n trein in volle spoed af.
Thornton saw him coming, braced, and locked arms around his neck.
Thornton het hom sien aankom, gestut en sy arms om sy nek gesluit.
Hans tied the rope fast around a tree as both were pulled under.
Hans het die tou vas om 'n boom vasgemaak terwyl albei ondertoe getrek is.
They tumbled underwater, smashing into rocks and river debris.
Hulle het onder water getuimel en teen rotse en rivierpuin gebots.
One moment Buck was on top, the next Thornton rose gasping.
Die een oomblik was Buck bo-op, die volgende het Thornton hyggend opgestaan.
Battered and choking, they veered to the bank and safety.
Geslaan en verstik, het hulle na die oewer en veiligheid gedraai.
Thornton regained consciousness, lying across a drift log.

Thornton het sy bewussyn herwin terwyl hy oor 'n dryfblok gelê het.

Hans and Pete worked him hard to bring back breath and life.

Hans en Pete het hom hard gewerk om asem en lewe terug te bring.

His first thought was for Buck, who lay motionless and limp.

Sy eerste gedagte was aan Buck, wat bewegingloos en slap gelê het.

Nig howled over Buck's body, and Skeet licked his face gently.

Nig het oor Buck se liggaam gehuil, en Skeet het sy gesig saggies gelek.

Thornton, sore and bruised, examined Buck with careful hands.

Thornton, seer en gekneus, het Buck met versigtige hande ondersoek.

He found three ribs broken, but no deadly wounds in the dog.

Hy het drie gebreekte ribbes gevind, maar geen dodelike wonde in die hond nie.

"That settles it," Thornton said. "We camp here." And they did.

"Dit maak die saak af," het Thornton gesê. "Ons kamp hier." En hulle het.

They stayed until Buck's ribs healed and he could walk again.

Hulle het gebly totdat Buck se ribbes genees het en hy weer kon loop.

That winter, Buck performed a feat that raised his fame further.

Daardie winter het Buck 'n prestasie verrig wat sy roem verder verhoog het.

It was less heroic than saving Thornton, but just as impressive.

Dit was minder heroïes as om Thornton te red, maar net so indrukwekkend.

At Dawson, the partners needed supplies for a distant journey.

By Dawson het die vennote voorraad nodig gehad vir 'n verre reis.

They wanted to travel East, into untouched wilderness lands.

Hulle wou Ooswaarts reis, na ongerepte wildernislande.

Buck's deed in the Eldorado Saloon made that trip possible.

Buck se daad in die Eldorado Saloon het daardie reis moontlik gemaak.

It began with men bragging about their dogs over drinks.

Dit het begin met mans wat oor hul honde spog oor drankies.

Buck's fame made him the target of challenges and doubt.

Buck se roem het hom die teiken van uitdagings en twyfel gemaak.

Thornton, proud and calm, stood firm in defending Buck's name.

Thornton, trots en kalm, het ferm gestaan in die verdediging van Buck se naam.

One man said his dog could pull five hundred pounds with ease.

Een man het gesê sy hond kon met gemak vyfhonderd pond trek.

Another said six hundred, and a third bragged seven hundred.

Nog een het ses honderd gesê, en 'n derde het gespog met sewe honderd.

"Pfft!" said John Thornton, "Buck can pull a thousand pound sled."

"Pfft!" sê John Thornton, "Buck kan 'n duisend pond-slee trek."

Matthewson, a Bonanza King, leaned forward and challenged him.

Matthewson, 'n Bonanza-koning, het vorentoe geleun en hom uitgedaag.

"You think he can put that much weight into motion?"
"Dink jy hy kan soveel gewig in beweging sit?"

"And you think he can pull the weight a full hundred yards?"
"En jy dink hy kan die gewig 'n volle honderd meter trek?"

Thornton replied coolly, "Yes. Buck is dog enough to do it."
Thornton het koel geantwoord: "Ja. Buck is hond genoeg om dit te doen."

"He'll put a thousand pounds into motion, and pull it a hundred yards."
"Hy sal 'n duisend pond in beweging sit en dit honderd meter trek."

Matthewson smiled slowly and made sure all men heard his words.
Matthewson het stadig geglimlag en seker gemaak dat alle mans sy woorde hoor.

"I've got a thousand dollars that says he can't. There it is."
"Ek het 'n duisend dollar wat sê hy kan nie. Daar is dit."

He slammed a sack of gold dust the size of sausage on the bar.
Hy het 'n sak goudstof so groot soos wors op die kroegtoonbank gegooi.

Nobody said a word. The silence grew heavy and tense around them.
Niemand het 'n woord gesê nie. Die stilte het swaar en gespanne om hulle geword.

Thornton's bluff—if it was one—had been taken seriously.
Thornton se bluf—as dit een was—is ernstig opgeneem.

He felt heat rise in his face as blood rushed to his cheeks.
Hy het gevoel hoe die hitte in sy gesig opstyg terwyl die bloed na sy wange gestorm het.

His tongue had gotten ahead of his reason in that moment.
Sy tong het op daardie oomblik sy rede vooruitgeloop.

He truly didn't know if Buck could move a thousand pounds.
Hy het werklik nie geweet of Buck 'n duisend pond kon skuif nie.

Half a ton! The size of it alone made his heart feel heavy.
'n Halwe ton! Die grootte daarvan alleen het sy hart swaar laat voel.

He had faith in Buck's strength and had thought him capable.
Hy het vertroue in Buck se krag gehad en hom bekwaam geag.

But he had never faced this kind of challenge, not like this.
Maar hy het nog nooit hierdie soort uitdaging in die gesig gestaar nie, nie soos hierdie nie.

A dozen men watched him quietly, waiting to see what he'd do.
'n Dosyn mans het hom stil dopgehou en gewag om te sien wat hy sou doen.

He didn't have the money—neither did Hans or Pete.
Hy het nie die geld gehad nie—ook nie Hans of Pete nie.

"I've got a sled outside," said Matthewson coldly and direct.
"Ek het 'n slee buite," het Matthewson koud en direk gesê.

"It's loaded with twenty sacks, fifty pounds each, all flour.
"Dit is gelaai met twintig sakke, vyftig pond elk, alles meel."

So don't let a missing sled be your excuse now," he added.
Moet dus nie nou 'n vermiste slee jou verskoning laat wees nie," het hy bygevoeg.

Thornton stood silent. He didn't know what words to offer.
Thornton het stil gestaan. Hy het nie geweet watter woorde om te bied nie.

He looked around at the faces without seeing them clearly.
Hy het rondgekyk na die gesigte sonder om hulle duidelik te sien.

He looked like a man frozen in thought, trying to restart.
Hy het gelyk soos 'n man wat in gedagte gevries was en probeer het om weer te begin.

Then he saw Jim O'Brien, a friend from the Mastodon days.
Toe sien hy Jim O'Brien, 'n vriend van die Mastodon-dae.

That familiar face gave him courage he didn't know he had.
Daardie bekende gesig het hom moed gegee wat hy nie geweet het hy het nie.

He turned and asked in a low voice, "Can you lend me a thousand?"
Hy het omgedraai en saggies gevra: "Kan jy my duisend leen?"
"Sure," said O'Brien, dropping a heavy sack by the gold already.
"Seker," het O'Brien gesê en reeds 'n swaar sak by die goud laat val.
"But truthfully, John, I don't believe the beast can do this."
"Maar eerlikwaar, John, ek glo nie die dier kan dit doen nie."
Everyone in the Eldorado Saloon rushed outside to see the event.
Almal in die Eldorado Saloon het buitentoe gehardloop om die geleentheid te sien.
They left tables and drinks, and even the games were paused.
Hulle het tafels en drankies gelos, en selfs die speletjies is onderbreek.
Dealers and gamblers came to witness the bold wager's end.
Handelaars en dobbelaars het gekom om die einde van die gewaagde weddenskap te aanskou.
Hundreds gathered around the sled in the icy open street.
Honderde het om die slee in die ysige oop straat saamgedrom.
Matthewson's sled stood with a full load of flour sacks.
Matthewson se slee het met 'n vol vrag meelsakke gestaan.
The sled had been sitting for hours in minus temperatures.
Die slee het ure lank in minustemperature gestaan.
The sled's runners were frozen tight to the packed-down snow.
Die slee se lopers was styf teen die neergepakte sneeu vasgevries.
Men offered two-to-one odds that Buck could not move the sled.
Mans het twee-tot-een kanse gebied dat Buck nie die slee kon skuif nie.
A dispute broke out about what "break out" really meant.
'n Geskil het ontstaan oor wat "uitbreek" werklik beteken.

O'Brien said Thornton should loosen the sled's frozen base.
O'Brien het gesê Thornton moet die slee se bevrore basis losmaak.
Buck could then "break out" from a solid, motionless start.
Buck kon dan uit 'n stewige, beweginglose begin "uitbreek".
Matthewson argued the dog must break the runners free too.
Matthewson het aangevoer die hond moet ook die hardlopers losbreek.
The men who had heard the bet agreed with Matthewson's view.
Die mans wat die weddenskap gehoor het, het met Matthewson se siening saamgestem.
With that ruling, the odds jumped to three-to-one against Buck.
Met daardie uitspraak het die kanse tot drie-tot-een teen Buck gestyg.
No one stepped forward to take the growing three-to-one odds.
Niemand het vorentoe getree om die groeiende drie-tot-een kans te aanvaar nie.
Not a single man believed Buck could perform the great feat.
Nie 'n enkele man het geglo dat Buck die groot prestasie kon verrig nie.
Thornton had been rushed into the bet, heavy with doubts.
Thornton was inderhaas in die weddenskap ingesluit, swaar van twyfel.
Now he looked at the sled and the ten-dog team beside it.
Nou het hy na die slee en die span van tien honde langsaan gekyk.
Seeing the reality of the task made it seem more impossible.
Om die werklikheid van die taak te sien, het dit meer onmoontlik laat lyk.
Matthewson was full of pride and confidence in that moment.
Matthewson was op daardie oomblik vol trots en selfvertroue.
"Three to one!" he shouted. "I'll bet another thousand, Thornton!

"Drie teen een!" het hy geskree. "Ek wed nog 'n duisend, Thornton!"

What do you say?" he added, loud enough for all to hear.
"Wat sê jy?" het hy bygevoeg, hard genoeg sodat almal dit kon hoor.

Thornton's face showed his doubts, but his spirit had risen.
Thornton se gesig het sy twyfel getoon, maar sy gees het opgestaan.

That fighting spirit ignored odds and feared nothing at all.
Daardie veggees het die kanse geïgnoreer en glad nie gevrees nie.

He called Hans and Pete to bring all their cash to the table.
Hy het vir Hans en Pete gebel om al hulle kontant na die tafel te bring.

They had little left—only two hundred dollars combined.
Hulle het min oorgehad—slegs tweehonderd dollar saam.

This small sum was their total fortune during hard times.
Hierdie klein bedrag was hul totale fortuin gedurende moeilike tye.

Still, they laid all of the fortune down against Matthewson's bet.
Tog het hulle al die fortuin teen Matthewson se weddenskap neergelê.

The ten-dog team was unhitched and moved away from the sled.
Die span van tien honde is losgekoppel en het van die slee weggebweeg.

Buck was placed in the reins, wearing his familiar harness.
Buck is in die teuels geplaas, met sy bekende harnas aan.

He had caught the energy of the crowd and felt the tension.
Hy het die energie van die skare vasgevang en die spanning aangevoel.

Somehow, he knew he had to do something for John Thornton.
Op een of ander manier het hy geweet hy moes iets vir John Thornton doen.

People murmured with admiration at the dog's proud figure.

Mense het met bewondering gemompel oor die hond se trotse figuur.

He was lean and strong, without a single extra ounce of flesh.

Hy was maer en sterk, sonder 'n enkele ekstra greintjie vleis.

His full weight of hundred fifty pounds was all power and endurance.

Sy volle gewig van honderd-en-vyftig pond was alles krag en uithouvermoë.

Buck's coat gleamed like silk, thick with health and strength.

Buck se jas het geglim soos sy, dik van gesondheid en krag.

The fur along his neck and shoulders seemed to lift and bristle.

Die pels langs sy nek en skouers het gelyk of dit lig en borsel.

His mane moved slightly, each hair alive with his great energy.

Sy maanhare het effens beweeg, elke haar lewendig met sy groot energie.

His broad chest and strong legs matched his heavy, tough frame.

Sy breë bors en sterk bene het by sy swaar, taai liggaam gepas.

Muscles rippled under his coat, tight and firm as bound iron.

Spiere het onder sy jas geriffel, styf en ferm soos gebonde yster.

Men touched him and swore he was built like a steel machine.

Mans het hom aangeraak en gesweer hy was gebou soos 'n staalmasjien.

The odds dropped slightly to two to one against the great dog.

Die kans het effens gedaal tot twee teen een teen die groot hond.

A man from the Skookum Benches pushed forward, stuttering.

'n Man van die Skookum-banke het hakkelend vorentoe gestoot.

"Good, sir! I offer eight hundred for him—before the test, sir!"

"Goed, meneer! Ek bied agthonderd vir hom—voor die toets, meneer!"

"Eight hundred, as he stands right now!" the man insisted.

"Agt honderd, soos hy nou staan!" het die man aangedring.

Thornton stepped forward, smiled, and shook his head calmly.

Thornton het vorentoe getree, geglimlag en kalm sy kop geskud.

Matthewson quickly stepped in with a warning voice and frown.

Matthewson het vinnig met 'n waarskuwende stem en frons ingegryp.

"You must step away from him," he said. "Give him space."

"Jy moet van hom af wegstap," het hy gesê. "Gee hom ruimte."

The crowd grew silent; only gamblers still offered two to one.

Die skare het stil geword; slegs dobbelaars het steeds twee teen een aangebied.

Everyone admired Buck's build, but the load looked too great.

Almal het Buck se bou bewonder, maar die lading het te groot gelyk.

Twenty sacks of flour—each fifty pounds in weight—seemed far too much.

Twintig sakke meel—elk vyftig pond in gewig—het heeltemal te veel gelyk.

No one was willing to open their pouch and risk their money.

Niemand was bereid om hul sak oop te maak en hul geld te waag nie.

Thornton knelt beside Buck and took his head in both hands.

Thornton het langs Buck gekniel en sy kop in albei hande geneem.

He pressed his cheek against Buck's and spoke into his ear.
Hy het sy wang teen Buck s'n gedruk en in sy oor gepraat.

There was no playful shaking or whispered loving insults now.
Daar was nou geen speelse geskud of gefluisterde liefdevolle beledigings nie.

He only murmured softly, "As much as you love me, Buck."
Hy het net saggies gemompel, "Soveel as wat jy my liefhet, Buck."

Buck let out a quiet whine, his eagerness barely restrained.
Buck het 'n sagte gekerm uitgestoot, sy gretigheid skaars bedwing.

The onlookers watched with curiosity as tension filled the air.
Die omstanders het met nuuskierigheid gekyk terwyl spanning die lug gevul het.

The moment felt almost unreal, like something beyond reason.
Die oomblik het amper onwerklik gevoel, soos iets buite die rede.

When Thornton stood, Buck gently took his hand in his jaws.
Toe Thornton opstaan, het Buck sy hand saggies in sy kake geneem.

He pressed down with his teeth, then let go slowly and gently.
Hy het met sy tande gedruk en toe stadig en saggies losgelaat.

It was a silent answer of love, not spoken, but understood.
Dit was 'n stille antwoord van liefde, nie uitgespreek nie, maar verstaan.

Thornton stepped well back from the dog and gave the signal.
Thornton het 'n lang tree van die hond af teruggetree en die teken gegee.

"Now, Buck," he said, and Buck responded with focused calm.

"Nou, Buck," het hy gesê, en Buck het met gefokusde kalmte gereageer.

Buck tightened the traces, then loosened them by a few inches.

Buck het die spore stywer getrek en hulle toe met 'n paar duim losgemaak.

This was the method he had learned; his way to break the sled.

Dit was die metode wat hy geleer het; sy manier om die slee te breek.

"Gee!" Thornton shouted, his voice sharp in the heavy silence.

"Sjoe!" het Thornton geskree, sy stem skerp in die swaar stilte.

Buck turned to the right and lunged with all of his weight.

Buck het regs gedraai en met al sy gewig uitgeval.

The slack vanished, and Buck's full mass hit the tight traces.

Die slapheid het verdwyn, en Buck se volle massa het die stywe spore getref.

The sled trembled, and the runners made a crisp crackling sound.

Die slee het gebewe, en die hardlopers het 'n skerp kraakgeluid gemaak.

"Haw!" Thornton commanded, shifting Buck's direction again.

"Ha!" het Thornton beveel en Buck se rigting weer verskuif.

Buck repeated the move, this time pulling sharply to the left.

Buck het die beweging herhaal, hierdie keer skerp na links getrek.

The sled cracked louder, the runners snapping and shifting.

Die slee het harder gekraak, die lopers het geknap en geskuif.

The heavy load slid slightly sideways across the frozen snow.

Die swaar vrag het effens sywaarts oor die bevrore sneeu gegly.

The sled had broken free from the grip of the icy trail!

Die slee het losgebreek uit die greep van die ysige paadjie!
Men held their breath, unaware they were not even breathing.
Mans het hul asem opgehou, onbewus daarvan dat hulle nie eers asemhaal nie.
"Now, PULL!" Thornton cried out across the frozen silence.
"Nou, TREK!" het Thornton deur die bevrore stilte uitgeroep.
Thornton's command rang out sharp, like the crack of a whip.
Thornton se bevel het skerp geklink, soos die geklap van 'n sweep.
Buck hurled himself forward with a fierce and jarring lunge.
Buck het homself vorentoe geslinger met 'n woeste en skokkende longe.
His whole frame tensed and bunched for the massive strain.
Sy hele liggaam het gespanne en saamgetrek weens die massiewe spanning.
Muscles rippled under his fur like serpents coming alive.
Spiere het onder sy pels geriffel soos slange wat lewendig word.
His great chest was low, head stretched forward toward the sled.
Sy groot bors was laag, kop vorentoe na die slee gestrek.
His paws moved like lightning, claws slicing the frozen ground.
Sy pote het soos weerlig beweeg, kloue wat die bevrore grond sny.
Grooves were cut deep as he fought for every inch of traction.
Groewe is diep gesny terwyl hy vir elke duim vastrapplek geveg het.
The sled rocked, trembled, and began a slow, uneasy motion.
Die slee het gewieg, gebewe en 'n stadige, ongemaklike beweging begin.
One foot slipped, and a man in the crowd groaned aloud.
Een voet het gegly, en 'n man in die skare het hardop gekreun.

Then the sled lunged forward in a jerking, rough movement.
Toe het die slee vorentoe geslinger in 'n rukkende, rowwe beweging.
It didn't stop again—half an inch...an inch...two inches more.
Dit het nie weer opgehou nie—'n halwe duim...'n duim...twee duim meer.
The jerks became smaller as the sled began to gather speed.
Die rukke het al hoe kleiner geword namate die slee spoed begin kry het.
Soon Buck was pulling with smooth, even, rolling power.
Gou het Buck met gladde, egalige, rollende krag getrek.
Men gasped and finally remembered to breathe again.
Mans het na hul asem gesnak en uiteindelik onthou om weer asem te haal.
They had not noticed their breath had stopped in awe.
Hulle het nie opgemerk dat hul asem in ontsag opgehou het nie.
Thornton ran behind, calling out short, cheerful commands.
Thornton het agterna gehardloop en kort, vrolike bevele uitgeroep.
Ahead was a stack of firewood that marked the distance.
Voor was 'n stapel brandhout wat die afstand gemerk het.
As Buck neared the pile, the cheering grew louder and louder.
Soos Buck die hoop nader gekom het, het die gejuig al hoe harder geword.
The cheering swelled into a roar as Buck passed the end point.
Die gejuig het in 'n gebrul oorgegaan toe Buck die eindpunt verbysteek.
Men jumped and shouted, even Matthewson broke into a grin.
Mans het gespring en geskreeu, selfs Matthewson het in 'n glimlag uitgebars.
Hats flew into the air, mittens were tossed without thought or aim.

Hoede het die lug in gevlieg, wantjies is sonder gedagte of doel gegooi.

Men grabbed each other and shook hands without knowing who.

Mans het mekaar gegryp en hande geskud sonder om te weet wie.

The whole crowd buzzed in wild, joyful celebration.

Die hele skare het gegons in wilde, vreugdevolle feesviering.

Thornton dropped to his knees beside Buck with trembling hands.

Thornton het met bewerige hande langs Buck op sy knieë geval.

He pressed his head to Buck's and shook him gently back and forth.

Hy het sy kop teen Buck s'n gedruk en hom saggies heen en weer geskud.

Those who approached heard him curse the dog with quiet love.

Diegene wat nader gekom het, het hom die hond met stille liefde hoor vloek.

He swore at Buck for a long time—softly, warmly, with emotion.

Hy het lank op Buck gevloek—saggies, hartlik, met emosie.

"Good, sir! Good, sir!" cried the Skookum Bench king in a rush.

"Goed, meneer! Goed, meneer!" het die Skookum Bank-koning haastig uitgeroep.

"I'll give you a thousand—no, twelve hundred—for that dog, sir!"

"Ek sal jou 'n duisend—nee, twaalfhonderd—vir daardie hond gee, meneer!"

Thornton rose slowly to his feet, his eyes shining with emotion.

Thornton het stadig orent gekom, sy oë het gestraal van emosie.

Tears streamed openly down his cheeks without any shame.

Trane het oop en oop oor sy wange gestroom sonder enige skaamte.

"Sir," he said to the Skookum Bench king, steady and firm
"Meneer," het hy vir die Skookum Bank-koning gesê, standvastig en ferm

"No, sir. You can go to hell, sir. That's my final answer."
"Nee, meneer. U kan hel toe gaan, meneer. Dis my finale antwoord."

Buck grabbed Thornton's hand gently in his strong jaws.
Buck het Thornton se hand saggies met sy sterk kake gegryp.

Thornton shook him playfully, their bond deep as ever.
Thornton het hom speels geskud, hul band diep soos altyd.

The crowd, moved by the moment, stepped back in silence.
Die skare, ontroer deur die oomblik, het in stilte teruggetree.

From then on, none dared interrupt such sacred affection.
Van toe af het niemand dit gewaag om sulke heilige liefde te onderbreek nie.

The Sound of the Call
Die Klank van die Roep

Buck had earned sixteen hundred dollars in five minutes.
Buck het sestienhonderd dollar in vyf minute verdien.
The money let John Thornton pay off some of his debts.
Die geld het John Thornton toegelaat om van sy skuld af te betaal.
With the rest of the money he headed East with his partners.
Met die res van die geld het hy saam met sy vennote ooswaarts vertrek.
They sought a fabled lost mine, as old as the country itself.
Hulle het 'n legendariese verlore myn gesoek, so oud soos die land self.
Many men had looked for the mine, but few had ever found it.
Baie mans het na die myn gesoek, maar min het dit ooit gevind.
More than a few men had vanished during the dangerous quest.
Meer as 'n paar mans het tydens die gevaarlike soeke verdwyn.
This lost mine was wrapped in both mystery and old tragedy.
Hierdie verlore myn was in beide misterie en ou tragedie gehul.
No one knew who the first man to find the mine had been.
Niemand het geweet wie die eerste man was wat die myn gevind het nie.
The oldest stories don't mention anyone by name.
Die oudste stories noem niemand by die naam nie.
There had always been an ancient ramshackle cabin there.
Daar was nog altyd 'n antieke vervalle kajuit daar.
Dying men had sworn there was a mine next to that old cabin.
Sterwende mans het gesweer daar was 'n myn langs daardie ou kajuit.

They proved their stories with gold like none found elsewhere.
Hulle het hul stories met goud bewys soos niemand elders gevind word nie.
No living soul had ever looted the treasure from that place.
Geen lewende siel het ooit die skat van daardie plek geplunder nie.
The dead were dead, and dead men tell no tales.
Die dooies was dood, en dooie manne vertel geen stories nie.
So Thornton and his friends headed into the East.
So het Thornton en sy vriende na die Ooste vertrek.
Pete and Hans joined, bringing Buck and six strong dogs.
Pete en Hans het aangesluit, en Buck en ses sterk honde saamgebring.
They set off down an unknown trail where others had failed.
Hulle het 'n onbekende roete gevolg waar ander misluk het.
They sledded seventy miles up the frozen Yukon River.
Hulle het sewentig myl met 'n slee op die bevrore Yukonrivier gery.
They turned left and followed the trail into the Stewart.
Hulle het links gedraai en die paadjie tot in die Stewart gevolg.
They passed the Mayo and McQuestion, pressing farther on.
Hulle het verby die Mayo en McQuestion gery en verder aangestap.
The Stewart shrank into a stream, threading jagged peaks.
Die Stewart het in 'n stroom ingekrimp en deur gekartelde pieke geslinger.
These sharp peaks marked the very spine of the continent.
Hierdie skerp pieke het die ruggraat van die vasteland gemerk.
John Thornton demanded little from men or the wild land.
John Thornton het min van mans of die wilde land geëis.
He feared nothing in nature and faced the wild with ease.
Hy het niks in die natuur gevrees nie en die wildernis met gemak aangedurf.

With only salt and a rifle, he could travel where he wished.
Met net sout en 'n geweer kon hy reis waar hy wou.
Like the natives, he hunted food while he journeyed along.
Soos die inboorlinge, het hy kos gejag terwyl hy gereis het.
If he caught nothing, he kept going, trusting luck ahead.
As hy niks gevang het nie, het hy aangehou en op geluk vertrou.
On this long journey, meat was the main thing they ate.
Op hierdie lang reis was vleis die hoofgereg wat hulle geëet het.
The sled held tools and ammo, but no strict timetable.
Die slee het gereedskap en ammunisie bevat, maar geen streng tydskedule nie.
Buck loved this wandering; the endless hunt and fishing.
Buck het hierdie ronddwaal liefgehad; die eindelose jag en visvang.
For weeks they were traveling day after steady day.
Weke lank het hulle dag na bestendige dag gereis.
Other times they made camps and stayed still for weeks.
Ander kere het hulle kampe opgeslaan en weke lank stilgebly.
The dogs rested while the men dug through frozen dirt.
Die honde het gerus terwyl die mans deur bevrore grond gegrawe het.
They warmed pans over fires and searched for hidden gold.
Hulle het panne oor vure warm gemaak en na verborge goud gesoek.
Some days they starved, and some days they had feasts.
Party dae het hulle uitgehonger, en party dae het hulle feeste gehou.
Their meals depended on the game and the luck of the hunt.
Hul maaltye het afgehang van die wild en die geluk van die jag.
When summer came, men and dogs packed loads on their backs.
Toe die somer aanbreek, het mans en honde vragte op hul rûe gepak.
They rafted across blue lakes hidden in mountain forests.

Hulle het oor blou mere gevlot wat in bergwoude versteek was.
They sailed slim boats on rivers no man had ever mapped.
Hulle het dun bote op riviere geseil wat geen mens ooit gekarteer het nie.
Those boats were built from trees they sawed in the wild.
Daardie bote is gebou van bome wat hulle in die natuur gesaag het.

The months passed, and they twisted through the wild unknown lands.
Die maande het verbygegaan, en hulle het deur die wilde onbekende lande gekronkel.
There were no men there, yet old traces hinted that men had been.
Daar was geen mans daar nie, maar ou spore het daarop gesinspeel dat daar mans was.
If the Lost Cabin was real, then others had once come this way.
As die Verlore Hut werklik was, dan het ander eens hierheen gekom.
They crossed high passes in blizzards, even during the summer.
Hulle het hoë passe in sneeustorms oorgesteek, selfs gedurende die somer.
They shivered under the midnight sun on bare mountain slopes.
Hulle het gebewe onder die middernagson op kaal berghellings.
Between the treeline and the snowfields, they climbed slowly.
Tussen die boomlyn en die sneeuvelde het hulle stadig geklim.
In warm valleys, they swatted at clouds of gnats and flies.
In warm valleie het hulle na wolke muggies en vlieë geslaan.
They picked sweet berries near glaciers in full summer bloom.

Hulle het soet bessies gepluk naby gletsers in volle somerblom.
The flowers they found were as lovely as those in the Southland.
Die blomme wat hulle gevind het, was so pragtig soos dié in die Suidland.
That fall they reached a lonely region filled with silent lakes.
Daardie herfs het hulle 'n eensame streek vol stil mere bereik.
The land was sad and empty, once alive with birds and beasts.
Die land was droewig en leeg, eens lewendig met voëls en diere.
Now there was no life, just the wind and ice forming in pools.
Nou was daar geen lewe nie, net die wind en ys wat in poele vorm.
Waves lapped against empty shores with a soft, mournful sound.
Golwe het teen leë oewers gekolk met 'n sagte, treurige geluid.

Another winter came, and they followed faint, old trails again.
Nog 'n winter het aangebreek, en hulle het weer dowwe, ou spore gevolg.
These were the trails of men who had searched long before them.
Dit was die spore van mans wat lank voor hulle gesoek het.
Once they found a path cut deep into the dark forest.
Eenkeer het hulle 'n paadjie diep in die donker woud gevind.
It was an old trail, and they felt the lost cabin was close.
Dit was 'n ou roete, en hulle het gevoel die verlore kajuit was naby.
But the trail led nowhere and faded into the thick woods.
Maar die paadjie het nêrens gelei nie en het in die digte bos verdwyn.
Whoever made the trail, and why they made it, no one knew.

Wie ook al die roete gemaak het, en hoekom hulle dit gemaak het, het niemand geweet nie.

Later, they found the wreck of a lodge hidden among the trees.
Later het hulle die wrak van 'n lodge tussen die bome gevind.

Rotting blankets lay scattered where someone once had slept.
Verrottende komberse het versprei gelê waar iemand eens geslaap het.

John Thornton found a long-barreled flintlock buried inside.
John Thornton het 'n langloop-vuursteenwapen binne-in begrawe gevind.

He knew this was a Hudson Bay gun from early trading days.
Hy het geweet dat dit 'n Hudsonbaai-geweer was van vroeë handelsdae.

In those days such guns were traded for stacks of beaver skins.
In daardie dae is sulke gewere verruil vir stapels bevervelle.

That was all—no clue remained of the man who built the lodge.
Dit was al—geen leidraad het oorgebly van die man wat die lodge gebou het nie.

Spring came again, and they found no sign of the Lost Cabin.
Die lente het weer aangebreek, en hulle het geen teken van die Verlore Hut gevind nie.

Instead they found a broad valley with a shallow stream.
In plaas daarvan het hulle 'n breë vallei met 'n vlak stroom gevind.

Gold lay across the pan bottoms like smooth, yellow butter.
Goud het oor die bodems van die pan gelê soos gladde, geel botter.

They stopped there and searched no farther for the cabin.
Hulle het daar stilgehou en nie verder na die kajuit gesoek nie.

Each day they worked and found thousands in gold dust.
Elke dag het hulle gewerk en duisende in goudstof gevind.
They packed the gold in bags of moose-hide, fifty pounds each.
Hulle het die goud in sakke elandvel verpak, vyftig pond elk.
The bags were stacked like firewood outside their small lodge.
Die sakke was soos brandhout buite hul klein lodge gestapel.
They worked like giants, and the days passed like quick dreams.
Hulle het soos reuse gewerk, en die dae het verbygegaan soos vinnige drome.
They heaped up treasure as the endless days rolled swiftly by.
Hulle het skatte opgehoop terwyl die eindelose dae vinnig verbygerol het.
There was little for the dogs to do except haul meat now and then.
Daar was min vir die honde om te doen behalwe om nou en dan vleis te sleep.
Thornton hunted and killed the game, and Buck lay by the fire.
Thornton het die wild gejag en doodgemaak, en Buck het by die vuur gelê.
He spent long hours in silence, lost in thought and memory.
Hy het lang ure in stilte deurgebring, verlore in gedagte en herinneringe.
The image of the hairy man came more often into Buck's mind.
Die beeld van die harige man het meer dikwels in Buck se gedagtes opgekom.
Now that work was scarce, Buck dreamed while blinking at the fire.
Noudat werk skaars was, het Buck gedroom terwyl hy na die vuur geknipper het.
In those dreams, Buck wandered with the man in another world.

In daardie drome het Buck saam met die man in 'n ander wêreld rondgedwaal.
Fear seemed the strongest feeling in that distant world.
Vrees het die sterkste gevoel in daardie verre wêreld gelyk.
Buck saw the hairy man sleep with his head bowed low.
Buck het die harige man sien slaap met sy kop laag gebuig.
His hands were clasped, and his sleep was restless and broken.
Sy hande was saamgevou, en sy slaap was rusteloos en onderbroke.
He used to wake with a start and stare fearfully into the dark.
Hy het gewoonlik met 'n skrik wakker geword en vreesbevange in die donker gestaar.
Then he'd toss more wood onto the fire to keep the flame bright.
Dan sou hy meer hout op die vuur gooi om die vlam helder te hou.
Sometimes they walked along a beach by a gray, endless sea.
Soms het hulle langs 'n strand langs 'n grys, eindelose see geloop.
The hairy man picked shellfish and ate them as he walked.
Die harige man het skulpvis gepluk en dit geëet terwyl hy geloop het.
His eyes searched always for hidden dangers in the shadows.
Sy oë het altyd gesoek na verborge gevare in die skaduwees.
His legs were always ready to sprint at the first sign of threat.
Sy bene was altyd gereed om te sprint by die eerste teken van bedreiging.
They crept through the forest, silent and wary, side by side.
Hulle het deur die woud gesluip, stil en versigtig, sy aan sy.
Buck followed at his heels, and both of them stayed alert.
Buck het op sy hakke gevolg, en hulle albei het waaksaam gebly.
Their ears twitched and moved, their noses sniffed the air.

Hul ore het getrek en beweeg, hul neuse het die lug gesnuif.
The man could hear and smell the forest as sharply as Buck.
Die man kon die woud so skerp hoor en ruik soos Buck.
The hairy man swung through the trees with sudden speed.
Die harige man swaai met 'n skielike spoed deur die bome.
He leapt from branch to branch, never missing his grip.
Hy het van tak tot tak gespring en nooit sy greep verloor nie.
He moved as fast above the ground as he did upon it.
Hy het net so vinnig bo die grond beweeg as wat hy daarop gedoen het.
Buck remembered long nights beneath the trees, keeping watch.
Buck het lang nagte onder die bome onthou, terwyl hy wag gehou het.
The man slept roosting in the branches, clinging tight.
Die man het in die takke geslaap en styf vasgeklou.
This vision of the hairy man was tied closely to the deep call.
Hierdie visioen van die harige man was nou gekoppel aan die diepe roeping.
The call still sounded through the forest with haunting force.
Die roep het steeds met spookagtige krag deur die woud geklink.
The call filled Buck with longing and a restless sense of joy.
Die oproep het Buck met verlange en 'n rustelose gevoel van vreugde vervul.
He felt strange urges and stirrings that he could not name.
Hy het vreemde drange en roerings gevoel wat hy nie kon benoem nie.
Sometimes he followed the call deep into the quiet woods.
Soms het hy die roepstem diep in die stil bos gevolg.
He searched for the calling, barking softly or sharply as he went.
Hy het na die roepstem gesoek, saggies of skerp geblaf terwyl hy geloop het.
He sniffed the moss and black soil where the grasses grew.

Hy het aan die mos en swart grond geruik waar die grasse gegroei het.
He snorted with delight at the rich smells of the deep earth.
Hy het van genot gesnork oor die ryk geure van die diep aarde.
He crouched for hours behind trunks covered in fungus.
Hy het ure lank gehurk agter stamme wat met swam bedek was.
He stayed still, listening wide-eyed to every tiny sound.
Hy het stil gebly en met groot oë na elke klein geluidjie geluister.
He may have hoped to surprise the thing that gave the call.
Hy het dalk gehoop om die ding wat die oproep gegee het, te verras.
He did not know why he acted this way — he simply did.
Hy het nie geweet hoekom hy so opgetree het nie — hy het eenvoudig net so opgetree.
The urges came from deep within, beyond thought or reason.
Die drange het van diep binne gekom, anderkant denke of rede.
Irresistible urges took hold of Buck without warning or reason.
Onweerstaanbare drange het Buck sonder waarskuwing of rede beetgepak.
At times he was dozing lazily in camp under the midday heat.
Soms het hy lui in die kamp onder die middaghitte gedut.
Suddenly, his head lifted and his ears shoot up alert.
Skielik lig sy kop op en sy ore skiet wakker op.
Then he sprang up and dash into the wild without pause.
Toe spring hy op en storm sonder om te pouseer die wildernis in.
He ran for hours through forest paths and open spaces.
Hy het ure lank deur bospaadjies en oop ruimtes gehardloop.
He loved to follow dry creek beds and spy on birds in the trees.

Hy was lief daarvoor om droë spruitbeddings te volg en voëls in die bome te bespied.

He could lie hidden all day, watching partridges strut around.

Hy kon heeldag weggesteek lê en patryse dophou wat rondstap.

They drummed and marched, unaware of Buck's still presence.

Hulle het getrommel en gemarsjeer, onbewus van Buck se stil teenwoordigheid.

But what he loved most was running at twilight in summer.

Maar wat hy die meeste liefgehad het, was om in die somerskemer te hardloop.

The dim light and sleepy forest sounds filled him with joy.

Die dowwe lig en slaperige bosgeluide het hom met vreugde vervul.

He read the forest signs as clearly as a man reads a book.

Hy het die bostekens so duidelik gelees soos 'n man 'n boek lees.

And he searched always for the strange thing that called him.

En hy het altyd gesoek na die vreemde ding wat hom geroep het.

That calling never stopped—it reached him waking or sleeping.

Daardie roepstem het nooit opgehou nie—dit het hom bereik, wakker of slapend.

One night, he woke with a start, eyes sharp and ears high.

Een nag het hy met 'n skrik wakker geword, oë skerp en ore hoog.

His nostrils twitched as his mane stood bristling in waves.

Sy neusgate het gebewe terwyl sy maanhare in golwe gestaan het.

From deep in the forest came the sound again, the old call.

Uit diep in die woud kom die geluid weer, die ou roep.

This time the sound rang clearly, a long, haunting, familiar howl.
Hierdie keer het die geluid duidelik geklink, 'n lang, spookagtige, bekende gehuil.

It was like a husky's cry, but strange and wild in tone.
Dit was soos 'n husky se gehuil, maar vreemd en wild van toon.

Buck knew the sound at once — he had heard the exact sound long ago.
Buck het die geluid dadelik herken — hy het die presiese geluid lank gelede gehoor.

He leapt through camp and vanished swiftly into the woods.
Hy het deur die kamp gespring en vinnig in die bos verdwyn.

As he neared the sound, he slowed and moved with care.
Toe hy die geluid nader, het hy stadiger beweeg en versigtig beweeg.

Soon he reached a clearing between thick pine trees.
Gou het hy 'n oopte tussen digte dennebome bereik.

There, upright on its haunches, sat a tall, lean timber wolf.
Daar, regop op sy hurke, het 'n lang, maer houtwolf gesit.

The wolf's nose pointed skyward, still echoing the call.
Die wolf se neus het hemelwaarts gewys, steeds die roep weergalm.

Buck had made no sound, yet the wolf stopped and listened.
Buck het geen geluid gemaak nie, maar die wolf het stilgehou en geluister.

Sensing something, the wolf tensed, searching the darkness.
Toe die wolf iets aanvoel, het hy gespanne geraak, terwyl hy die donkerte deursoek het.

Buck crept into view, body low, feet quiet on the ground.
Buck het in sig gekom, lyf laag, voete stil op die grond.

His tail was straight, his body coiled tight with tension.
Sy stert was reguit, sy lyf styf opgerol van spanning.

He showed both threat and a kind of rough friendship.
Hy het beide dreiging en 'n soort rowwe vriendskap getoon.

It was the wary greeting shared by beasts of the wild.
Dit was die versigtige groet wat deur wilde diere gedeel is.

But the wolf turned and fled as soon as it saw Buck.
Maar die wolf het omgedraai en gevlug sodra hy Buck gesien het.
Buck gave chase, leaping wildly, eager to overtake it.
Buck het agternagesit, wild gespring, gretig om dit in te haal.
He followed the wolf into a dry creek blocked by a timber jam.
Hy het die wolf gevolg in 'n droë spruit wat deur 'n houtblokkade geblokkeer is.
Cornered, the wolf spun around and stood its ground.
In 'n hoek gedraai, het die wolf omgedraai en sy man bly staan.
The wolf snarled and snapped like a trapped husky dog in a fight.
Die wolf het gegrom en gekap soos 'n vasgekeerde hees hond in 'n geveg.
The wolf's teeth clicked fast, its body bristling with wild fury.
Die wolf se tande het vinnig geklap, sy lyf het geborrel van wilde woede.
Buck did not attack but circled the wolf with careful friendliness.
Buck het nie aangeval nie, maar het die wolf met versigtige vriendelikheid omsingel.
He tried to block his escape by slow, harmless movements.
Hy het probeer om sy ontsnapping te keer deur stadige, onskadelike bewegings.
The wolf was wary and scared—Buck outweighed him three times.
Die wolf was versigtig en bang—Buck het hom drie keer oortref.
The wolf's head barely reached up to Buck's massive shoulder.
Die wolf se kop het skaars tot by Buck se massiewe skouer gereik.
Watching for a gap, the wolf bolted and the chase began again.

Terwyl hy vir 'n gaping soek, het die wolf weggehardloop en die jaagtog het weer begin.

Several times Buck cornered him, and the dance repeated.
Verskeie kere het Buck hom vasgekeer, en die dans het herhaal.

The wolf was thin and weak, or Buck could not have caught him.
Die wolf was maer en swak, anders kon Buck hom nie gevang het nie.

Each time Buck drew near, the wolf spun and faced him in fear.
Elke keer as Buck nader gekom het, het die wolf omgedraai en hom vreesbevange in die gesig gestaar.

Then at the first chance, he dashed off into the woods once more.
Toe, met die eerste kans, het hy weer die bos ingehardloop.

But Buck did not give up, and finally the wolf came to trust him.
Maar Buck het nie moed opgegee nie, en uiteindelik het die wolf hom begin vertrou.

He sniffed Buck's nose, and the two grew playful and alert.
Hy het Buck se neus gesnuif, en die twee het speels en waaksaam geword.

They played like wild animals, fierce yet shy in their joy.
Hulle het soos wilde diere gespeel, woes maar skaam in hul vreugde.

After a while, the wolf trotted off with calm purpose.
Na 'n rukkie het die wolf met kalm doel weggedraf.

He clearly showed Buck that he meant to be followed.
Hy het duidelik vir Buck gewys dat hy van plan was om gevolg te word.

They ran side by side through the twilight gloom.
Hulle het langs mekaar deur die skemerdonker gehardloop.

They followed the creek bed up into the rocky gorge.
Hulle het die spruitbedding gevolg tot in die rotsige kloof.

They crossed a cold divide where the stream had begun.
Hulle het 'n koue kloof oorgesteek waar die stroom begin het.

On the far slope they found wide forest and many streams.
Op die verste helling het hulle wye woud en baie strome gevind.
Through this vast land, they ran for hours without stopping.
Deur hierdie uitgestrekte land het hulle ure lank sonder om te stop gehardloop.
The sun rose higher, the air grew warm, but they ran on.
Die son het hoër opgekom, die lug het warmer geword, maar hulle het aangegaan.
Buck was filled with joy—he knew he was answering his calling.
Buck was vol vreugde—hy het geweet hy antwoord op sy roepstem.
He ran beside his forest brother, closer to the call's source.
Hy het langs sy bosbroer gehardloop, nader aan die bron van die roep.
Old feelings returned, powerful and hard to ignore.
Ou gevoelens het teruggekeer, kragtig en moeilik om te ignoreer.
These were the truths behind the memories from his dreams.
Dit was die waarhede agter die herinneringe uit sy drome.
He had done all this before in a distant and shadowy world.
Hy het dit alles al voorheen in 'n verre en skaduryke wêreld gedoen.
Now he did this again, running wild with the open sky above.
Nou het hy dit weer gedoen, wild rondgehardloop met die oop lug daarbo.
They stopped at a stream to drink from the cold flowing water.
Hulle het by 'n stroompie stilgehou om van die koue vloeiende water te drink.
As he drank, Buck suddenly remembered John Thornton.
Terwyl hy gedrink het, het Buck skielik vir John Thornton onthou.
He sat down in silence, torn by the pull of loyalty and the calling.

Hy het in stilte gaan sit, verskeur deur die aantrekkingskrag van lojaliteit en die roeping.

The wolf trotted on, but came back to urge Buck forward.
Die wolf het aangedraf, maar het teruggekom om Buck vorentoe te spoor.

He sniffed his nose and tried to coax him with soft gestures.
Hy het aan sy neus gesnuif en probeer om hom met sagte gebare te lok.

But Buck turned around and started back the way he came.
Maar Buck het omgedraai en teruggekeer in die pad wat hy gekom het.

The wolf ran beside him for a long time, whining quietly.
Die wolf het lank langs hom gehardloop en saggies gehuil.

Then he sat down, raised his nose, and let out a long howl.
Toe gaan hy sit, lig sy neus op en laat 'n lang gehuil uit.

It was a mournful cry, softening as Buck walked away.
Dit was 'n treurige gehuil, wat sagder geword het toe Buck wegstap.

Buck listened as the sound of the cry faded slowly into the forest silence.
Buck het geluister terwyl die geluid van die gehuil stadig in die woudstilte vervaag het.

John Thornton was eating dinner when Buck burst into the camp.
John Thornton was besig om aandete te eet toe Buck die kamp binnestorm.

Buck leapt upon him wildly, licking, biting, and tumbling him.
Buck het wild op hom gespring, hom gelek, gebyt en omgekeerd.

He knocked him over, scrambled on top, and kissed his face.
Hy het hom omgestamp, bo-op geklim en hom in die gesig gesoen.

Thornton called this "playing the general tom-fool" with affection.
Thornton het dit met liefde "die algemene dwaas speel" genoem.

All the while, he cursed Buck gently and shook him back and forth.
Die hele tyd het hy Buck saggies gevloek en hom heen en weer geskud.
For two whole days and nights, Buck never left the camp once.
Vir twee volle dae en nagte het Buck nooit die kamp verlaat nie.
He kept close to Thornton and never let him out of his sight.
Hy het naby Thornton gebly en hom nooit uit sy sig gelaat nie.
He followed him as he worked and watched him while he ate.
Hy het hom gevolg terwyl hy gewerk het en hom dopgehou terwyl hy geëet het.
He saw Thornton into his blankets at night and out each morning.
Hy het Thornton snags in sy komberse en elke oggend buite gesien.
But soon the forest call returned, louder than ever before.
Maar gou het die bosroep teruggekeer, harder as ooit tevore.
Buck grew restless again, stirred by thoughts of the wild wolf.
Buck het weer rusteloos geword, geroer deur gedagtes aan die wilde wolf.
He remembered the open land and running side by side.
Hy het die oop land onthou en die langs mekaar hardloop.
He began wandering into the forest once more, alone and alert.
Hy het weer eens die woud in begin dwaal, alleen en waaksaam.
But the wild brother did not return, and the howl was not heard.
Maar die wilde broer het nie teruggekeer nie, en die gehuil is nie gehoor nie.
Buck started sleeping outside, staying away for days at a time.
Buck het buite begin slaap en dae aaneen weggebly.

Once he crossed the high divide where the creek had begun.
Eenkeer het hy die hoë kloof oorgesteek waar die spruit begin het.
He entered the land of dark timber and wide flowing streams.
Hy het die land van donker hout en wye vloeiende strome binnegegaan.
For a week he roamed, searching for signs of the wild brother.
'n Week lank het hy rondgeswerf, op soek na tekens van die wilde broer.
He killed his own meat and travelled with long, tireless strides.
Hy het sy eie vleis doodgemaak en met lang, onvermoeide treë gereis.
He fished for salmon in a wide river that reached the sea.
Hy het vir salm gevang in 'n wye rivier wat die see bereik het.
There, he fought and killed a black bear maddened by bugs.
Daar het hy 'n swart beer geveg en doodgemaak wat deur goggas gek was.
The bear had been fishing and ran blindly through the trees.
Die beer het visgevang en blindelings deur die bome gehardloop.
The battle was a fierce one, waking Buck's deep fighting spirit up.
Die geveg was 'n hewige een, wat Buck se diep veggees wakker gemaak het.
Two days later, Buck returned to find wolverines at his kill.
Twee dae later het Buck teruggekeer om wolverines by sy prooi te vind.
A dozen of them quarreled over the meat in noisy fury.
'n Dosyn van hulle het in raserige woede oor die vleis gestry.
Buck charged and scattered them like leaves in the wind.
Buck het aangeval en hulle soos blare in die wind verstrooi.
Two wolves remained behind—silent, lifeless, and unmoving forever.

Twee wolwe het agtergebly—stil, leweloos en roerloos vir ewig.
The thirst for blood grew stronger than ever.
Die dors na bloed het sterker geword as ooit tevore.
Buck was a hunter, a killer, feeding off living creatures.
Buck was 'n jagter, 'n moordenaar, wat van lewende wesens gevoed het.
He survived alone, relying on his strength and sharp senses.
Hy het alleen oorleef, staatmakende op sy krag en skerp sintuie.
He thrived in the wild, where only the toughest could live.
Hy het in die natuur gefloreer, waar net die taaistes kon leef.
From this, a great pride rose up and filled Buck's whole being.
Hieruit het 'n groot trots opgestaan en Buck se hele wese gevul.
His pride showed in his every step, in the ripple of every muscle.
Sy trots het in elke tree geblyk, in die rimpeling van elke spier.
His pride was as clear as speech, seen in how he carried himself.
Sy trots was so duidelik soos spraak, gesien in hoe hy homself gedra het.
Even his thick coat looked more majestic and gleamed brighter.
Selfs sy dik jas het meer majestueus gelyk en helderder geglans.
Buck could have been mistaken for a giant timber wolf.
Buck kon vir 'n reuse-houtwolf aangesien gewees het.
Except for brown on his muzzle and spots above his eyes.
Behalwe vir bruin op sy snoet en kolle bo sy oë.
And the white streak of fur that ran down the middle of his chest.
En die wit streep pels wat teen die middel van sy bors af geloop het.
He was even larger than the biggest wolf of that fierce breed.

Hy was selfs groter as die grootste wolf van daardie wrede ras.

His father, a St. Bernard, gave him size and heavy frame.
Sy pa, 'n Sint Bernardus, het hom grootte en swaar lyf gegee.

His mother, a shepherd, shaped that bulk into wolf-like form.
Sy moeder, 'n skaapwagter, het daardie liggaam in 'n wolfagtige vorm gevorm.

He had the long muzzle of a wolf, though heavier and broader.
Hy het die lang snoet van 'n wolf gehad, alhoewel swaarder en breër.

His head was a wolf's, but built on a massive, majestic scale.
Sy kop was dié van 'n wolf, maar gebou op 'n massiewe, majestueuse skaal.

Buck's cunning was the cunning of the wolf and of the wild.
Buck se listigheid was die listigheid van die wolf en van die wildernis.

His intelligence came from both the German Shepherd and St. Bernard.
Sy intelligensie het van beide die Duitse Herdershond en die Sint Bernardus gekom.

All this, plus harsh experience, made him a fearsome creature.
Dit alles, plus harde ervaring, het hom 'n vreesaanjaende wese gemaak.

He was as formidable as any beast that roamed the northern wild.
Hy was so gedug soos enige dier wat in die noordelike wildernis rondgeswerf het.

Living only on meat, Buck reached the full peak of his strength.
Buck het slegs van vleis geleef en die volle hoogtepunt van sy krag bereik.

He overflowed with power and male force in every fiber of him.

Hy het oorgeloop van krag en manlike krag in elke vesel van hom.

When Thornton stroked his back, the hairs sparked with energy.

Toe Thornton oor sy rug streel, het die hare van energie geskitter.

Each hair crackled, charged with the touch of living magnetism.

Elke haar het gekraak, gelaai met die aanraking van lewende magnetisme.

His body and brain were tuned to the finest possible pitch.

Sy liggaam en brein was ingestel op die fynste moontlike toonhoogte.

Every nerve, fiber, and muscle worked in perfect harmony.

Elke senuwee, vesel en spier het in perfekte harmonie gewerk.

To any sound or sight needing action, he responded instantly.

Op enige geluid of gesig wat aksie vereis het, het hy onmiddellik gereageer.

If a husky leaped to attack, Buck could leap twice as fast.

As 'n husky sou spring om aan te val, kon Buck twee keer so vinnig spring.

He reacted quicker than others could even see or hear.

Hy het vinniger gereageer as wat ander selfs kon sien of hoor.

Perception, decision, and action all came in one fluid moment.

Persepsie, besluit en aksie het alles in een vloeiende oomblik gekom.

In truth, these acts were separate, but too fast to notice.

In werklikheid was hierdie dade afsonderlik, maar te vinnig om op te merk.

So brief were the gaps between these acts, they seemed as one.

Die gapings tussen hierdie dade was so kort dat hulle soos een gelyk het.

His muscles and being was like tightly coiled springs.

Sy spiere en wese was soos styf opgerolde vere.

His body surged with life, wild and joyful in its power.
Sy liggaam het gegons van lewe, wild en vreugdevol in sy krag.

At times he felt like the force was going to burst out of him entirely.
Soms het hy gevoel asof die krag heeltemal uit hom gaan bars.

"Never was there such a dog," Thornton said one quiet day.
"Nog nooit was daar so 'n hond nie," het Thornton een stil dag gesê.

The partners watched Buck striding proudly from the camp.
Die vennote het gekyk hoe Buck trots uit die kamp stap.

"When he was made, he changed what a dog can be," said Pete.
"Toe hy gemaak is, het hy verander wat 'n hond kan wees," het Pete gesê.

"By Jesus! I think so myself," Hans quickly agreed.
"By Jesus! Ek dink self so," het Hans vinnig ingestem.

They saw him march off, but not the change that came after.
Hulle het hom sien wegmarsjeer, maar nie die verandering wat daarna gekom het nie.

As soon as he entered the woods, Buck transformed completely.
Sodra hy die bos binnegegaan het, het Buck heeltemal verander.

He no longer marched, but moved like a wild ghost among trees.
Hy het nie meer gemarsjeer nie, maar het soos 'n wilde spook tussen bome beweeg.

He became silent, cat-footed, a flicker passing through shadows.
Hy het stil geword, katvoetig, 'n flikkering wat deur skaduwees beweeg.

He used cover with skill, crawling on his belly like a snake.
Hy het dekking met vaardigheid gebruik en soos 'n slang op sy maag gekruip.

And like a snake, he could leap forward and strike in silence.

En soos 'n slang kon hy vorentoe spring en in stilte toeslaan.
He could steal a ptarmigan straight from its hidden nest.
Hy kon 'n sneeuwpop reguit uit sy verborge nes steel.
He killed sleeping rabbits without a single sound.
Hy het slapende konyne sonder 'n enkele geluid doodgemaak.
He could catch chipmunks midair as they fled too slowly.
Hy kon die eekhorings mid-lug vang aangesien hulle te stadig gevlug het.
Even fish in pools could not escape his sudden strikes.
Selfs visse in poele kon nie sy skielike aanvalle ontsnap nie.
Not even clever beavers fixing dams were safe from him.
Nie eens slim bewers wat damme regmaak, was veilig vir hom nie.
He killed for food, not for fun—but liked his own kills best.
Hy het vir kos doodgemaak, nie vir die pret nie—maar hy het die meeste van sy eie moorde gehou.
Still, a sly humor ran through some of his silent hunts.
Tog het 'n slinkse humor deur sommige van sy stil jagtogte geloop.
He crept up close to squirrels, only to let them escape.
Hy het naby eekhorings gekruip, net om hulle te laat ontsnap.
They were going to flee to the trees, chattering in fearful outrage.
Hulle was op pad na die bome te vlug, terwyl hulle van vreeslike verontwaardiging gebabbel het.
As fall came, moose began to appear in greater numbers.
Soos die herfs aangebreek het, het elande in groter getalle begin verskyn.
They moved slowly into the low valleys to meet the winter.
Hulle het stadig die lae valleie ingetrek om die winter tegemoet te gaan.
Buck had already brought down one young, stray calf.
Buck het reeds een jong, verdwaalde kalfie laat val.
But he longed to face larger, more dangerous prey.
Maar hy het verlang om groter, gevaarliker prooi te trotseer.
One day on the divide, at the creek's head, he found his chance.

Eendag op die kloof, by die bopunt van die spruit, het hy sy kans gevind.

A herd of twenty moose had crossed from forested lands.
'n Trop van twintig elande het van beboste lande oorgesteek.

Among them was a mighty bull; the leader of the group.
Onder hulle was 'n magtige bul; die leier van die groep.

The bull stood over six feet tall and looked fierce and wild.
Die bul het meer as ses voet hoog gestaan en het fel en wild gelyk.

He tossed his wide antlers, fourteen points branching outward.
Hy het sy wye gewei slinger, veertien punte wat na buite vertak.

The tips of those antlers stretched seven feet across.
Die punte van daardie gewei het sewe voet breed gestrek.

His small eyes burned with rage as he spotted Buck nearby.
Sy klein ogies het van woede gebrand toe hy Buck naby gewaar het.

He let out a furious roar, trembling with fury and pain.
Hy het 'n woedende gebrul uitgestoot, bewerig van woede en pyn.

An arrow-end stuck out near his flank, feathered and sharp.
'n Pylpunt het naby sy flank uitgesteek, geveerd en skerp.

This wound helped explain his savage, bitter mood.
Hierdie wond het gehelp om sy wrede, bittere bui te verklaar.

Buck, guided by ancient hunting instinct, made his move.
Buck, gelei deur antieke jaginstink, het sy skuif gemaak.

He aimed to separate the bull from the rest of the herd.
Hy het ten doel gehad om die bul van die res van die kudde te skei.

This was no easy task—it took speed and fierce cunning.
Dit was geen maklike taak nie—dit het spoed en vurige sluheid geverg.

He barked and danced near the bull, just out of range.
Hy het geblaf en gedans naby die bul, net buite bereik.

The moose lunged with huge hooves and deadly antlers.
Die eland het met groot hoewe en dodelike gewei geskiet.

One blow could have ended Buck's life in a heartbeat.
Een hou kon Buck se lewe in 'n oogwink beëindig het.
Unable to leave the threat behind, the bull grew mad.
Omdat hy die bedreiging nie kon agterlaat nie, het die bul woedend geword.
He charged in fury, but Buck always slipped away.
Hy het woedend aangeval, maar Buck het altyd weggeglip.
Buck faked weakness, luring him farther from the herd.
Buck het swakheid geveins en hom verder van die trop af gelok.
But young bulls were going to charge back to protect the leader.
Maar jong bulle sou terugstorm om die leier te beskerm.
They forced Buck to retreat and the bull to rejoin the group.
Hulle het Buck gedwing om terug te trek en die bul om weer by die groep aan te sluit.
There is a patience in the wild, deep and unstoppable.
Daar is 'n geduld in die wildernis, diep en onstuitbaar.
A spider waits motionless in its web for countless hours.
'n Spinnekop wag vir tallose ure beweginloos in sy web.
A snake coils without twitching, and waits till it is time.
'n Slang kronkel sonder om te ruk, en wag totdat dit tyd is.
A panther lies in ambush, until the moment arrives.
'n Panter lê in 'n hinderlaag, totdat die oomblik aanbreek.
This is the patience of predators who hunt to survive.
Dit is die geduld van roofdiere wat jag om te oorleef.
That same patience burned inside Buck as he stayed close.
Dieselfde geduld het binne Buck gebrand terwyl hy naby gebly het.
He stayed near the herd, slowing its march and stirring fear.
Hy het naby die trop gebly, hul mars vertraag en vrees gesaai.
He teased the young bulls and harassed the mother cows.
Hy het die jong bulle geterg en die moederkoeie geteister.
He drove the wounded bull into a deeper, helpless rage.
Hy het die gewonde bul in 'n dieper, hulpelose woede gedryf.
For half a day, the fight dragged on with no rest at all.
Vir 'n halwe dag het die geveg sonder enige rus aangehou.

Buck attacked from every angle, fast and fierce as wind.
Buck het van elke hoek af aangeval, vinnig en fel soos wind.
He kept the bull from resting or hiding with its herd.
Hy het gekeer dat die bul saam met sy trop rus of wegkruip.
Buck wore down the moose's will faster than its body.
Bok het die eland se wilskrag vinniger as sy lyf uitgeput.
The day passed and the sun sank low in the northwest sky.
Die dag het verbygegaan en die son het laag in die noordwestelike lug gesak.
The young bulls returned more slowly to help their leader.
Die jong bulle het stadiger teruggekeer om hul leier te help.
Fall nights had returned, and darkness now lasted six hours.
Herfsnagte het teruggekeer, en die donkerte het nou ses uur geduur.
Winter was pressing them downhill into safer, warmer valleys.
Die winter het hulle afdraand na veiliger, warmer valleie gedruk.
But still they couldn't escape the hunter that held them back.
Maar steeds kon hulle nie ontsnap aan die jagter wat hulle teruggehou het nie.
Only one life was at stake—not the herd's, just their leader's.
Slegs een lewe was op die spel—nie die kudde s'n nie, net hul leier s'n.
That made the threat distant and not their urgent concern.
Dit het die bedreiging ver verwyderd gemaak en nie hul dringende bekommernis nie.
In time, they accepted this cost and let Buck take the old bull.
Mettertyd het hulle hierdie koste aanvaar en Buck die ou bul laat neem.
As twilight settled in, the old bull stood with his head down.
Toe die skemer inval, het die ou bul met sy kop na onder gestaan.
He watched the herd he had led vanish into the fading light.

Hy het gekyk hoe die kudde wat hy gelei het, in die dowwe lig verdwyn.

There were cows he had known, calves he had once fathered.

Daar was koeie wat hy geken het, kalwers wat hy eens op 'n tyd die vader van was.

There were younger bulls he had fought and ruled in past seasons.

Daar was jonger bulle teen wie hy in vorige seisoene geveg en regeer het.

He could not follow them — for before him crouched Buck again.

Hy kon hulle nie volg nie – want voor hom het Buck weer gehurk.

The merciless fanged terror blocked every path he might take.

Die genadelose, slagtande vrees het elke pad wat hy kon neem, versper.

The bull weighed more than three hundredweight of dense power.

Die bul het meer as drie honderd gewig digte krag geweeg.

He had lived long and fought hard in a world of struggle.

Hy het lank geleef en hard geveg in 'n wêreld van stryd.

Yet now, at the end, death came from a beast far beneath him.

Tog, nou, aan die einde, het die dood gekom van 'n dier ver onder hom.

Buck's head did not even rise to the bull's huge knuckled knees.

Buck se kop het nie eers tot by die bul se enorme, gekneukelde knieë gekom nie.

From that moment on, Buck stayed with the bull night and day.

Van daardie oomblik af het Buck dag en nag by die bul gebly.

He never gave him rest, never allowed him to graze or drink.

Hy het hom nooit rus gegee nie, hom nooit toegelaat om te wei of te drink nie.

The bull tried to eat young birch shoots and willow leaves.

Die bul het probeer om jong berkspruite en wilgerblare te eet.
But Buck drove him off, always alert and always attacking.
Maar Buck het hom weggedryf, altyd waaksaam en altyd aanvallend.
Even at trickling streams, Buck blocked every thirsty attempt.
Selfs by kabbelende strome het Buck elke dorstige poging geblokkeer.
Sometimes, in desperation, the bull fled at full speed.
Soms, uit desperaatheid, het die bul teen volle spoed gevlug.
Buck let him run, loping calmly just behind, never far away.
Buck het hom laat hardloop, kalm net agter hom aan gedraf, nooit ver weg nie.
When the moose paused, Buck lay down, but stayed ready.
Toe die eland stilstaan, het Buck gaan lê, maar gereed gebly.
If the bull tried to eat or drink, Buck struck with full fury.
As die bul probeer eet of drink, het Buck met volle woede toegeslaan.
The bull's great head sagged lower under its vast antlers.
Die bul se groot kop het laer onder sy ontsaglike gewei gehang.
His pace slowed, the trot became a heavy; a stumbling walk.
Sy pas het stadiger geword, die draf het swaar geword; 'n struikelende stap.
He often stood still with drooped ears and nose to the ground.
Hy het dikwels stilgestaan met hangende ore en neus teen die grond.
During those moments, Buck took time to drink and rest.
Gedurende daardie oomblikke het Buck tyd geneem om te drink en te rus.
Tongue out, eyes fixed, Buck sensed the land was changing.
Met sy tong uit, sy oë stip, het Buck aangevoel dat die land besig was om te verander.
He felt something new moving through the forest and sky.
Hy het iets nuuts deur die woud en die lug gevoel beweeg.
As moose returned, so did other creatures of the wild.

Soos die elande teruggekeer het, het ander diere van die wilde diere ook gedoen.

The land felt alive with presence, unseen but strongly known.

Die land het lewendig met teenwoordigheid gevoel, ongesiens maar sterk bekend.

It was not by sound, sight, nor by scent that Buck knew this.

Dit was nie deur klank, sig of reuk dat Buck dit geweet het nie.

A deeper sense told him that new forces were on the move.

'n Dieper gevoel het hom gesê dat nuwe kragte aan die beweeg was.

Strange life stirred through the woods and along the streams.

Vreemde lewe het deur die woude en langs die strome geroer.

He resolved to explore this spirit, after the hunt was complete.

Hy het besluit om hierdie gees te verken nadat die jag voltooi was.

On the fourth day, Buck brought down the moose at last.

Op die vierde dag het Buck uiteindelik die eland neergehaal.

He stayed by the kill for a full day and night, feeding and resting.

Hy het 'n volle dag en nag by die prooi gebly, geëet en gerus.

He ate, then slept, then ate again, until he was strong and full.

Hy het geëet, toe geslaap, toe weer geëet, totdat hy sterk en versadig was.

When he was ready, he turned back toward camp and Thornton.

Toe hy gereed was, het hy teruggedraai na die kamp en Thornton.

With steady pace, he began the long return journey home.

Met 'n bestendige pas het hy die lang terugreis huis toe begin.

He ran in his tireless lope, hour after hour, never once straying.

Hy het uur na uur onvermoeid gehardloop, sonder om ooit te dwaal.

Through unknown lands, he moved straight as a compass needle.
Deur onbekende lande het hy so reguit soos 'n kompasnaald beweeg.
His sense of direction made man and map seem weak by comparison.
Sy rigtingsin het mens en kaart in vergelyking swak laat lyk.
As Buck ran, he felt more strongly the stir in the wild land.
Terwyl Buck gehardloop het, het hy die beroering in die wildernis sterker gevoel.
It was a new kind of life, unlike that of the calm summer months.
Dit was 'n nuwe soort lewe, anders as dié van die kalm somermaande.
This feeling no longer came as a subtle or distant message.
Hierdie gevoel het nie meer as 'n subtiele of verre boodskap gekom nie.
Now the birds spoke of this life, and squirrels chattered about it.
Nou het die voëls van hierdie lewe gepraat, en eekhorings het daaroor gekwetter.
Even the breeze whispered warnings through the silent trees.
Selfs die briesie fluister waarskuwings deur die stil bome.
Several times he stopped and sniffed the fresh morning air.
Verskeie kere het hy stilgehou en die vars oggendlug gesnuif.
He read a message there that made him leap forward faster.
Hy het daar 'n boodskap gelees wat hom vinniger vorentoe laat spring het.
A heavy sense of danger filled him, as if something had gone wrong.
'n Swaar gevoel van gevaar het hom gevul, asof iets verkeerd geloop het.
He feared calamity was coming—or had already come.
Hy het gevrees dat rampspoed sou kom—of reeds gekom het.
He crossed the last ridge and entered the valley below.

Hy het die laaste rant oorgesteek en die vallei onder binnegegaan.

He moved more slowly, alert and cautious with every step.
Hy het stadiger, waaksaam en versigtiger met elke tree beweeg.

Three miles out he found a fresh trail that made him stiffen.
Drie myl verder het hy 'n vars spoor gevind wat hom laat styf word het.

The hair along his neck rippled and bristled in alarm.
Die hare langs sy nek het geriffel en geborsel van ontsteltenis.

The trail led straight toward the camp where Thornton waited.
Die paadjie het reguit na die kamp gelei waar Thornton gewag het.

Buck moved faster now, his stride both silent and swift.
Buck beweeg nou vinniger, sy treë beide stil en vinnig.

His nerves tightened as he read signs others were going to miss.
Sy senuwees het saamgetrek toe hy tekens lees wat ander gaan mis.

Each detail in the trail told a story—except the final piece.
Elke detail in die roete het 'n storie vertel—behalwe die laaste stuk.

His nose told him about the life that had passed this way.
Sy neus het hom vertel van die lewe wat so verbygegaan het.

The scent gave him a changing picture as he followed close behind.
Die reuk het hom 'n veranderende prentjie gegee terwyl hy kort agter hom gevolg het.

But the forest itself had gone quiet; unnaturally still.
Maar die woud self het stil geword; onnatuurlik stil.

Birds had vanished, squirrels were hidden, silent and still.
Voëls het verdwyn, eekhorings was weggesteek, stil en stil.

He saw only one gray squirrel, flat on a dead tree.
Hy het net een grys eekhoring gesien, plat op 'n dooie boom.

The squirrel blended in, stiff and motionless like a part of the forest.

Die eekhoring het ingemeng, styf en bewegingloos soos 'n deel van die woud.

Buck moved like a shadow, silent and sure through the trees.
Buck het soos 'n skaduwee beweeg, stil en seker deur die bome.

His nose jerked sideways as if pulled by an unseen hand.
Sy neus het sywaarts geruk asof dit deur 'n onsigbare hand getrek is.

He turned and followed the new scent deep into a thicket.
Hy het omgedraai en die nuwe reuk diep in 'n ruigte gevolg.

There he found Nig, lying dead, pierced through by an arrow.
Daar het hy Nig gevind, dood lêend, deurboor deur 'n pyl.

The shaft passed clear through his body, feathers still showing.
Die skag het deur sy lyf gegaan, vere steeds sigbaar.

Nig had dragged himself there, but died before reaching help.
Nig het homself daarheen gesleep, maar is dood voordat hy hulp kon kry.

A hundred yards farther on, Buck found another sled dog.
'n Honderd meter verder het Buck nog 'n sleehond gevind.

It was a dog that Thornton had bought back in Dawson City.
Dit was 'n hond wat Thornton in Dawson City gekoop het.

The dog was in a death struggle, thrashing hard on the trail.
Die hond was in 'n doodstryd, hard aan die haal op die paadjie.

Buck passed around him, not stopping, eyes fixed ahead.
Buck het om hom verbygegaan, sonder om te stop, sy oë voor hom gevestig.

From the direction of the camp came a distant, rhythmic chant.
Uit die rigting van die kamp het 'n verafgeleë, ritmiese gesang gekom.

Voices rose and fell in a strange, eerie, sing-song tone.
Stemme het opgestaan en geval in 'n vreemde, grillerige, singende toon.

Buck crawled forward to the edge of the clearing in silence.
Buck het in stilte vorentoe na die rand van die oopte gekruip.
There he saw Hans lying face-down, pierced with many arrows.
Daar het hy Hans sien lê met sy gesig na onder, deurboor met baie pyle.
His body looked like a porcupine, bristling with feathered shafts.
Sy liggaam het gelyk soos 'n ystervark, besaai met geveerde skagte.
At the same moment, Buck looked toward the ruined lodge.
Op dieselfde oomblik het Buck na die verwoeste lodge gekyk.
The sight made the hair rise stiff on his neck and shoulders.
Die gesig het die hare op sy nek en skouers styf laat rys.
A storm of wild rage swept through Buck's whole body.
'n Storm van wilde woede het deur Buck se hele liggaam gespoel.
He growled aloud, though he did not know that he had.
Hy het hardop gegrom, hoewel hy nie geweet het dat hy dit wel gedoen het nie.
The sound was raw, filled with terrifying, savage fury.
Die geluid was rou, gevul met skrikwekkende, wrede woede.
For the last time in his life, Buck lost reason to emotion.
Vir die laaste keer in sy lewe het Buck rede verloor teenoor emosie.
It was love for John Thornton that broke his careful control.
Dit was liefde vir John Thornton wat sy noukeurige beheer verbreek het.
The Yeehats were dancing around the wrecked spruce lodge.
Die Yeehats het rondom die verwoeste sparrehuisie gedans.
Then came a roar—and an unknown beast charged toward them.
Toe kom daar 'n gebrul—en 'n onbekende dier storm op hulle af.
It was Buck; a fury in motion; a living storm of vengeance.
Dit was Buck; 'n woede in beweging; 'n lewende storm van wraak.

He flung himself into their midst, mad with the need to kill.
Hy het homself in hulle midde gewerp, waansinnig van die begeerte om dood te maak.

He leapt at the first man, the Yeehat chief, and struck true.
Hy het op die eerste man, die Yeehat-hoof, gespring en waar getref.

His throat was ripped open, and blood spouted in a stream.
Sy keel was oopgeskeur, en bloed het in 'n stroom gespuit.

Buck did not stop, but tore the next man's throat with one leap.
Buck het nie gestop nie, maar het die volgende man se keel met een sprong geskeur.

He was unstoppable—ripping, slashing, never pausing to rest.
Hy was onstuitbaar—geskeur, gekap, nooit stilgehou om te rus nie.

He darted and sprang so fast their arrows could not touch him.
Hy het so vinnig geskiet en gespring dat hulle pyle hom nie kon raak nie.

The Yeehats were caught in their own panic and confusion.
Die Yeehats was vasgevang in hul eie paniek en verwarring.

Their arrows missed Buck and struck one another instead.
Hul pyle het Buck gemis en mekaar eerder getref.

One youth threw a spear at Buck and hit another man.
Een jongman het 'n spies na Buck gegooi en 'n ander man getref.

The spear drove through his chest, the point punching out his back.
Die spies het deur sy bors gesteek, die punt het sy rug uitgeslaan.

Terror swept over the Yeehats, and they broke into full retreat.
Skrik het oor die Yeehats gevee, en hulle het ten volle teruggeval.

They screamed of the Evil Spirit and fled into the forest shadows.

Hulle het van die Bose Gees geskree en in die skaduwees van die woud gevlug.

Truly, Buck was like a demon as he chased the Yeehats down.

Waarlik, Buck was soos 'n demoon terwyl hy die Yeehats agterna gesit het.

He tore after them through the forest, bringing them down like deer.

Hy het agter hulle aangeruk deur die bos en hulle soos takbokke neergehaal.

It became a day of fate and terror for the frightened Yeehats.

Dit het 'n dag van noodlot en vrees geword vir die verskrikte Yeehats.

They scattered across the land, fleeing far in every direction.

Hulle het oor die land versprei en in alle rigtings gevlug.

A full week passed before the last survivors met in a valley.

'n Volle week het verbygegaan voordat die laaste oorlewendes mekaar in 'n vallei ontmoet het.

Only then did they count their losses and speak of what happened.

Eers toe het hulle hul verliese getel en gepraat oor wat gebeur het.

Buck, after tiring of the chase, returned to the ruined camp.

Nadat Buck moeg geword het van die jaagtog, het hy na die verwoeste kamp teruggekeer.

He found Pete, still in his blankets, killed in the first attack.

Hy het Pete, steeds in sy komberse, in die eerste aanval dood gevind.

Signs of Thornton's last struggle were marked in the dirt nearby.

Tekens van Thornton se laaste stryd was in die grond naby.

Buck followed every trace, sniffing each mark to a final point.

Buck het elke spoor gevolg en aan elke merk tot by 'n finale punt geruik.

At the edge of a deep pool, he found faithful Skeet, lying still.

Aan die rand van 'n diep poel het hy die getroue Skeet gevind, stil lêend.

Skeet's head and front paws were in the water, unmoving in death.

Skeet se kop en voorpote was in die water, roerloos in die dood.

The pool was muddy and tainted with runoff from the sluice boxes.

Die swembad was modderig en besmet met afloop van die sluiskaste.

Its cloudy surface hid what lay beneath, but Buck knew the truth.

Sy bewolkte oppervlak het verberg wat onder lê, maar Buck het die waarheid geken.

He tracked Thornton's scent into the pool—but the scent led nowhere else.

Hy het Thornton se reuk in die poel opgespoor—maar die reuk het nêrens anders gelei nie.

There was no scent leading out—only the silence of deep water.

Daar was geen geur wat uitlei nie—net die stilte van diep water.

All day Buck stayed near the pool, pacing the camp in grief.

Die hele dag het Buck naby die poel gebly en bedroef deur die kamp geloop.

He wandered restlessly or sat in stillness, lost in heavy thought.

Hy het rusteloos rondgedwaal of stil gesit, verlore in swaar gedagtes.

He knew death; the ending of life; the vanishing of all motion.

Hy het die dood geken; die einde van die lewe; die verdwyning van alle beweging.

He understood that John Thornton was gone, never to return.

Hy het verstaan dat John Thornton weg was, om nooit terug te keer nie.

The loss left an empty space in him that throbbed like hunger.
Die verlies het 'n leë ruimte in hom gelaat wat soos honger geklop het.
But this was a hunger food could not ease, no matter how much he ate.
Maar hierdie was 'n honger wat kos nie kon stil nie, maak nie saak hoeveel hy geëet het nie.
At times, as he looked at the dead Yeehats, the pain faded.
Soms, terwyl hy na die dooie Yeehats gekyk het, het die pyn vervaag.
And then a strange pride rose inside him, fierce and complete.
En toe het 'n vreemde trots binne hom opgestaan, fel en volkome.
He had killed man, the highest and most dangerous game of all.
Hy het die mens doodgemaak, die hoogste en gevaarlikste spel van almal.
He had killed in defiance of the ancient law of club and fang.
Hy het doodgemaak in stryd met die antieke wet van knuppel en slagtand.
Buck sniffed their lifeless bodies, curious and thoughtful.
Buck het aan hulle lewelose liggame geruik, nuuskierig en bedagsaam.
They had died so easily—much easier than a husky in a fight.
Hulle het so maklik gesterf—baie makliker as 'n husky in 'n geveg.
Without their weapons, they had no true strength or threat.
Sonder hul wapens het hulle geen ware krag of bedreiging gehad nie.
Buck was never going to fear them again, unless they were armed.
Buck sou hulle nooit weer vrees nie, tensy hulle gewapen was.
Only when they carried clubs, spears, or arrows he'd beware.

Slegs wanneer hulle knuppels, spiese of pyle gedra het, sou hy versigtig wees.

Night fell, and a full moon rose high above the tops of the trees.
Die nag het geval, en 'n volmaan het hoog bo die toppe van die bome uitgestyg.
The moon's pale light bathed the land in a soft, ghostly glow like day.
Die maan se vae lig het die land in 'n sagte, spookagtige gloed soos dag gebad.
As the night deepened, Buck still mourned by the silent pool.
Terwyl die nag verdiep het, het Buck steeds langs die stil poel getreur.
Then he became aware of a different stirring in the forest.
Toe word hy bewus van 'n ander roering in die woud.
The stirring was not from the Yeehats, but from something older and deeper.
Die roering was nie van die Yeehats nie, maar van iets ouer en dieper.
He stood up, ears lifted, nose testing the breeze with care.
Hy het opgestaan, ore opgelig, sy neus het die briesie versigtig getoets.
From far away came a faint, sharp yelp that pierced the silence.
Van ver af kom 'n dowwe, skerp gegil wat die stilte deurboor.
Then a chorus of similar cries followed close behind the first.
Toe het 'n koor van soortgelyke uitroepe kort agter die eerste gevolg.
The sound drew nearer, growing louder with each passing moment.
Die geluid het nader gekom, harder met elke oomblik wat verbygaan.
Buck knew this cry — it came from that other world in his memory.

Buck het hierdie uitroep geken—dit het uit daardie ander wêreld in sy geheue gekom.

He walked to the center of the open space and listened closely.

Hy het na die middel van die oop ruimte gestap en aandagtig geluister.

The call rang out, many-noted and more powerful than ever.

Die oproep het weerklink, veelgehoord en kragtiger as ooit tevore.

And now, more than ever before, Buck was ready to answer his calling.

En nou, meer as ooit tevore, was Buck gereed om sy roeping te beantwoord.

John Thornton was dead, and no tie to man remained within him.

John Thornton was dood, en geen band met die mens het in hom oorgebly nie.

Man and all human claims were gone—he was free at last.

Die mens en alle menslike eise was weg—hy was uiteindelik vry.

The wolf pack were chasing meat like the Yeehats once had.

Die wolftrop het vleis gejaag soos die Yeehats eens op 'n tyd gedoen het.

They had followed moose down from the timbered lands.

Hulle het elande van die beboste lande af gevolg.

Now, wild and hungry for prey, they crossed into his valley.

Nou, wild en honger na prooi, het hulle sy vallei oorgesteek.

Into the moonlit clearing they came, flowing like silver water.

In die maanverligte oopte het hulle gekom, vloeiend soos silwer water.

Buck stood still in the center, motionless and waiting for them.

Buck het bewegingloos in die middel gestaan en vir hulle gewag.

His calm, large presence stunned the pack into a brief silence.

Sy kalm, groot teenwoordigheid het die trop tot 'n kort stilte verstom.

Then the boldest wolf leapt straight at him without hesitation.

Toe spring die dapperste wolf sonder aarseling reguit op hom af.

Buck struck fast and broke the wolf's neck in a single blow.

Buck het vinnig toegeslaan en die wolf se nek in 'n enkele hou gebreek.

He stood motionless again as the dying wolf twisted behind him.

Hy het weer bewegingloos gestaan terwyl die sterwende wolf agter hom gedraai het.

Three more wolves attacked quickly, one after the other.

Drie verdere wolwe het vinnig aangeval, een na die ander.

Each retreated bleeding, their throats or shoulders slashed.

Elkeen het bloeiend teruggedeins, hul kele of skouers afgesny.

That was enough to trigger the whole pack into a wild charge.

Dit was genoeg om die hele trop in 'n wilde stormloop te laat beland.

They rushed in together, too eager and crowded to strike well.

Hulle het saam ingestorm, te gretig en te druk om goed toe te slaan.

Buck's speed and skill allowed him to stay ahead of the attack.

Buck se spoed en vaardigheid het hom toegelaat om voor die aanval te bly.

He spun on his hind legs, snapping and striking in all directions.

Hy het op sy agterpote gedraai, geknap en in alle rigtings geslaan.

To the wolves, this seemed like his defense never opened or faltered.

Vir die wolwe het dit gelyk asof sy verdediging nooit oopgemaak of gestruikel het nie.

He turned and slashed so quickly they could not get behind him.
Hy het omgedraai en so vinnig gekap dat hulle nie agter hom kon kom nie.
Nonetheless, their numbers forced him to give ground and fall back.
Nietemin het hul getalle hom gedwing om terrein te gee en terug te deins.
He moved past the pool and down into the rocky creek bed.
Hy het verby die poel en af in die rotsagtige spruitbedding beweeg.
There he came up against a steep bank of gravel and dirt.
Daar het hy teen 'n steil wal van gruis en grond afgekom.
He edged into a corner cut during the miners' old digging.
Hy het in 'n hoek vasgeval wat tydens die mynwerkers se ou grawery gesny is.
Now, protected on three sides, Buck faced only the front wolf.
Nou, beskerm aan drie kante, het Buck net die voorste wolf in die gesig gestaar.
There, he stood at bay, ready for the next wave of assault.
Daar het hy op 'n afstand gestaan, gereed vir die volgende vlaag aanvalle.
Buck held his ground so fiercely that the wolves drew back.
Buck het so fel standgehou dat die wolwe teruggedeins het.
After half an hour, they were worn out and visibly defeated.
Na 'n halfuur was hulle uitgeput en sigbaar verslaan.
Their tongues hung out, their white fangs gleamed in moonlight.
Hul tonge het uitgehang, hul wit slagtande het in die maanlig geglim.
Some wolves lay down, heads raised, ears pricked toward Buck.
'n Paar wolwe het gaan lê, koppe opgelig, ore gespits na Buck toe.
Others stood still, alert and watching his every move.

Ander het stilgestaan, waaksaam en elke beweging van hom dopgehou.
A few wandered to the pool and lapped up cold water.
'n Paar het na die swembad gedrink en koue water gedrink.
Then one long, lean gray wolf crept forward in a gentle way.
Toe kruip een lang, maer grys wolf saggies vorentoe.
Buck recognized him — it was the wild brother from before.
Buck het hom herken — dit was die wilde broer van voorheen.
The gray wolf whined softly, and Buck replied with a whine.
Die grys wolf het saggies gehuil, en Buck het met 'n gehuil geantwoord.
They touched noses, quietly and without threat or fear.
Hulle het neuse aangeraak, stilweg en sonder dreigement of vrees.
Next came an older wolf, gaunt and scarred from many battles.
Volgende kom 'n ouer wolf, maer en geskend van baie gevegte.
Buck started to snarl, but paused and sniffed the old wolf's nose.
Buck het begin grom, maar het gepouseer en aan die ou wolf se neus gesnuif.
The old one sat down, raised his nose, and howled at the moon.
Die ou een het gaan sit, sy neus opgelig en na die maan gehuil.
The rest of the pack sat down and joined in the long howl.
Die res van die trop het gaan sit en aan die lang gehuil deelgeneem.
And now the call came to Buck, unmistakable and strong.
En nou het die oproep na Buck gekom, onmiskenbaar en sterk.
He sat down, lifted his head, and howled with the others.
Hy het gaan sit, sy kop opgelig en saam met die ander gehuil.
When the howling ended, Buck stepped out of his rocky shelter.
Toe die gehuil eindig, het Buck uit sy rotsagtige skuiling gestap.

The pack closed in around him, sniffing both kindly and warily.
Die trop het om hom gesluit en vriendelik en versigtig gesnuif.
Then the leaders gave the yelp and dashed off into the forest.
Toe het die leiers gegil en die woud ingehardloop.
The other wolves followed, yelping in chorus, wild and fast in the night.
Die ander wolwe het gevolg, gillend in koor, wild en vinnig in die nag.
Buck ran with them, beside his wild brother, howling as he ran.
Buck het saam met hulle gehardloop, langs sy wilde broer, en gehuil terwyl hy gehardloop het.

Here, the story of Buck does well to come to its end.
Hier doen die storie van Buck goed om tot 'n einde te kom.
In the years that followed, the Yeehats noticed strange wolves.
In die jare wat gevolg het, het die Yeehats vreemde wolwe opgemerk.
Some had brown on their heads and muzzles, white on the chest.
Sommige het bruin op hul koppe en snoete gehad, wit op die bors.
But even more, they feared a ghostly figure among the wolves.
Maar nog meer het hulle 'n spookagtige figuur tussen die wolwe gevrees.
They spoke in whispers of the Ghost Dog, leader of the pack.
Hulle het in fluisteringe van die Spookhond, leier van die trop, gepraat.
This Ghost Dog had more cunning than the boldest Yeehat hunter.
Hierdie Spookhond het meer listigheid gehad as die dapperste Yeehat-jagter.

The ghost dog stole from camps in deep winter and tore their traps apart.
Die spookhond het in die diep winter uit kampe gesteel en hul strikke uitmekaar geskeur.
The ghost dog killed their dogs and escaped their arrows without a trace.
Die spookhond het hul honde doodgemaak en spoorloos van hul pyle ontsnap.
Even their bravest warriors feared to face this wild spirit.
Selfs hul dapperste krygers was bang om hierdie wilde gees in die gesig te staar.
No, the tale grows darker still, as the years pass in the wild.
Nee, die verhaal word nog donkerder soos die jare in die wildernis verbygaan.
Some hunters vanish and never return to their distant camps.
Sommige jagters verdwyn en keer nooit terug na hul verafgeleë kampe nie.
Others are found with their throats torn open, slain in the snow.
Ander word gevind met hul kele oopgeskeur, doodgemaak in die sneeu.
Around their bodies are tracks — larger than any wolf could make.
Om hulle liggame is spore — groter as wat enige wolf kan maak.
Each autumn, Yeehats follow the trail of the moose.
Elke herfs volg Yeehats die spoor van die eland.
But they avoid one valley with fear carved deep into their hearts.
Maar hulle vermy een vallei met vrees diep in hul harte gekerf.
They say the valley is chosen by the Evil Spirit for his home.
Hulle sê die vallei is deur die Bose Gees vir sy tuiste gekies.
And when the tale is told, some women weep beside the fire.

En wanneer die verhaal vertel word, huil sommige vroue langs die vuur.
But in summer, one visitor comes to that quiet, sacred valley.
Maar in die somer kom een besoeker na daardie stil, heilige vallei.
The Yeehats do not know of him, nor could they understand.
Die Yeehats weet nie van hom nie, en hulle kon ook nie verstaan nie.
The wolf is a great one, coated in glory, like no other of his kind.
Die wolf is 'n groot een, oortrek met glorie, soos geen ander van sy soort nie.
He alone crosses from green timber and enters the forest glade.
Hy alleen steek die groen bos oor en betree die woud.
There, golden dust from moose-hide sacks seeps into the soil.
Daar sypel goue stof van elandvelsakke in die grond in.
Grass and old leaves have hidden the yellow from the sun.
Gras en ou blare het die geel van die son weggesteek.
Here, the wolf stands in silence, thinking and remembering.
Hier staan die wolf in stilte, dink en onthou.
He howls once—long and mournful—before he turns to go.
Hy huil een keer—lank en treurig—voordat hy omdraai om te gaan.
Yet he is not always alone in the land of cold and snow.
Tog is hy nie altyd alleen in die land van koue en sneeu nie.
When long winter nights descend on the lower valleys.
Wanneer lang winternagte oor die laer valleie neerdaal.
When the wolves follow game through moonlight and frost.
Wanneer die wolwe wild deur maanlig en ryp volg.
Then he runs at the head of the pack, leaping high and wild.
Dan hardloop hy voor in die trop, spring hoog en wild.
His shape towers over the others, his throat alive with song.
Sy gestalte troon bo die ander uit, sy keel lewendig van lied.
It is the song of the younger world, the voice of the pack.
Dit is die lied van die jonger wêreld, die stem van die trop.

He sings as he runs—strong, free, and forever wild.
Hy sing terwyl hy hardloop—sterk, vry en vir ewig wild.

www.ingramcontent.com/pod-product-compliance
Lightning Source LLC
Chambersburg PA
CBHW010031040426
42333CB00048B/2836